本书为教育部人文社科青年基金

"中国特色劳资合作路径研究
—基于劳资关系演化视角（16YJC790115）"结项成果

中国特色劳资合作路径研究

——基于劳资关系演化视角

许清清 著

中国社会科学出版社

图书在版编目（CIP）数据

中国特色劳资合作路径研究：基于劳资关系演化视角／许清清著. —北京：
中国社会科学出版社，2021.6
ISBN 978 – 7 – 5203 – 8396 – 7

Ⅰ.①中…　Ⅱ.①许…　Ⅲ.①劳资合作—研究—中国　Ⅳ.①F249.26

中国版本图书馆 CIP 数据核字(2021)第 081121 号

出 版 人	赵剑英
责任编辑	张冰洁　乔镜萱
责任校对	周　昊
责任印制	王　超

出　　版	中国社会科学出版社
社　　址	北京鼓楼西大街甲 158 号
邮　　编	100720
网　　址	http://www.csspw.cn
发 行 部	010 – 84083685
门 市 部	010 – 84029450
经　　销	新华书店及其他书店

印　　刷	北京君升印刷有限公司
装　　订	廊坊市广阳区广增装订厂
版　　次	2021 年 6 月第 1 版
印　　次	2021 年 6 月第 1 次印刷

开　　本	710×1000　1/16
印　　张	14
字　　数	185 千字
定　　价	78.00 元

前　言

随着我国经济发展步入新常态时期，经济发展需要改变长期以来依靠压低劳动力工资的简单粗放驱动模式，而更多依靠人力资本质量提升、技术进步等因素。因此，亟待深入研究实现这一经济转型的微观基础——中国特色劳资关系。我国先天具有劳资合作关系跨越式基础，亟待后天构建符合劳资关系演化规律、同时又优于西方发达国家的中国特色劳资关系的路径。党的十八大以来，我国劳动性质与劳动环境的特殊性引起了劳资关系多路径、多阶段的演化，因此急需寻找一条具有中国特色的劳资合作路径。

本书以马克思历史唯物主义和辩证唯物主义为指导思想，借用博弈与复杂网络工具来研究劳资关系的演化规律与劳资合作路径，这不仅为研究劳资关系演化提供了一种新方法，还为探寻中国特色劳资关系的演化路径提供了新的视角。第一，揭示了劳资关系演化的一般性规律与特殊规律、一般路径与特殊路径，并借鉴复杂网络创新了马克思劳资关系演化研究，从而把握劳资关系的演化机制，分析了政府构建劳资合作特殊路径比一般自发演化路径的优势。第二，指出了学界普遍基于微分方程的演化博弈分析劳资关系演化的局限性，运用非合作博弈联盟分配理论构建了"非对称鹰鸽模型"的参数设置，并把模型放到具有不同网络拓扑结构的复杂网络中进行仿真，充分考虑劳资关系中微观个体的行为和相互作用，分析了劳资关系的拓扑结构对劳资合作的影响。第三，比较了美国、德国劳资关系演化路径是否符合劳资系统演化规律，并具体分析其劳资演化阶段及其合作结构，揭示了其劳资合作路径与劳资合作空间结构同历史、社会的匹配性与缺陷。第四，研究了中国特色劳资关系演化路径，指出了中国劳资合作的特色，揭示了中国特色劳资关系演化路径与历史、社会的匹配性，特别是党的十八大以来政府对劳资合作关系的制度构建，使劳资合作关系演化出现新路径；同时对现阶段劳资关系所面临的新困难进行剖析。第五，针对这些新困难，对我国政府如何进行和谐劳资关系演化路径的制度构建提出了相应的政策建议。

关键词： 中国特色　劳资合作　劳资关系　演化路径

目　　录

第一章

绪　　论

第一节　研究背景及意义

一　研究背景

企业是我国经济平稳运行的微观主体；劳资系统是企业健康运行的微观基础。劳资作为劳资系统中两大利益主体，他们之间的冲突与合作决定着企业是否良好运行，决定着经济是否平稳发展。为了社会平稳发展，党中央早在十六届六中全会就已经提出了构建社会主义和谐社会的构想。2008 年我国施行的新《劳动合同法》加大了对劳动者个人劳动权益的保护力度，对减少个体劳资冲突起了一定作用。2014 年，人社部等部门联合下发《关于推进实施集体合同制度攻坚计划的通知》，要求从 2014 年至 2016 年，在全国范围内推进实施集体合同制度攻坚计划。这些措施从保护劳动者权益出发，在一定程度上缓和了劳资冲突。但是，劳资关系除了事前的协调机制与事后劳资冲突解决措施外，更重要的是劳资合作机制的构建。

基于现实环境，习近平总书记提出要主动把握和积极适应经济发展新常态，进行供给侧改革。供给侧改革的提出对劳资关系的转型提供了契机，一方面是因为供给侧改革需要基于劳资合作以提高全要素生产率；同时，劳资合作也是产业结构升级的基础，并会对供给侧改革发挥积极的促进作用。正是基于以上背景，本书以"中国特色劳资合作路径研究——基于劳资关系演化视角"为选题，探究中国特色的劳资合作空间结构与演化路径。

二 研究意义

（一）理论意义

由于我国劳资性质与劳资环境的特殊性，中国劳资关系演化路径不会"线性"地复制西方发达国家劳资关系演化过程，中国劳资关系已经表现出多路径演化与多阶段演化的复杂性。从现有研究来看，学界对劳资关系的研究多局限于劳资冲突与协调机制的构建，对劳资合作演化规律与路径研究甚少。部分学者对这一问题进行了探讨，然而相关理论框架并不完善，难以对劳资合作路径演化之规律作清晰的揭示。因此，本书将综合运用博弈论、复杂网络理论、经济学对劳资合作的相关研究，在归纳总结、对比分析以往研究理论的基础上，采用较为前沿的理论论证方法，将劳资合作研究纳入劳资关系演化中进行分析，把握劳资合作空间结构影响劳资合作的内在机制，增进对劳资合作演化规律的认知，明确中国特色的劳资合作路径，为现有的劳资合作理论拓展新的研究视角。这对于尝试用复杂网络技术探索中国特色劳资合作演化路径，用自然科学的方法去论证中国特色经济学的理论体系具有重要的理论意义。

（二）现实意义

面对中国经济发展步入新常态，需要深入研究实现经济转型的微观基础。从短期经济波动来看，经济增长中枢下移，从高速增长转向中高速时一些隐性风险显现，劳资系统需要接受经济增速平稳回落的检验。从增长方式来看，实现从以要素驱动、投资规模驱动转向以创新驱动经济发展为主；改变长期以来依靠压低劳动力工资的简单粗放驱动模式，将更多依靠人力资本质量、技术进步等因素。因此，亟待设计劳资合作路径促使局部性劳资个体冲突风险的平稳释放；亟待研究劳资合作路径以释放劳动者与资本的内生创新能力，以发挥"供给侧"机制作用来促进经济结构升级转型。我国先天具有劳资合作关系跨越式基础，因此亟待后天构建符合劳资关系演化规律，又优于西方发达国家的中国特色劳资合作路径；这对于增强我国坚持社会主义的道路自信，指导中国特色劳资合作实践具有重要的现实意义。

第二节　研究现状

劳资合作是经济学、管理学界关注的重要话题之一。与本书研究相关，而且成为本书研究基础的文献大致分为以下四类：一是基于经济学对劳资合作问题的研究，二是基于管理学对劳资合作问题的研究，三是基于博弈论对合作问题的研究，四是基于复杂网络理论对合作问题的研究。

一　基于经济学对劳资合作问题的研究

（一）国外学者的研究

国外学者从经济学角度对劳资合作问题的研究主要体现在协调劳资冲突的手段与方法上，主要有三种思路：一是借助集体谈判来解决劳资争端，谈判的模型主要包括"非合作博弈的工资和就业的议价模型"（Dunlop，1944），"效率议价模型"（Mcdonald，Solow，1981），"管理权模型"（Nilkell，Andrews，1983），"效率工资模型"（Shapiro，Stiglitz，1984）以及"非合作博弈方法重写的效率工资模型"（Gibbons，1992）；后继学者主要对集体谈判的结构与国别之间的比较制度进行研究（Flanagan，1999；Bakvis，2002；Education L，2015；Kocher et al.，2017）。二是从博弈论角度研究达成劳资合作的途径。非合作博弈论强调通过劳资重复博弈达成劳资和解（Kreps，Milgrom et al.，1982；Andreoni，Miller，1993；Nowak，Sigmund，1998；Danz et al.，2008；Bruttel，2013；Anta，2016）；合作博弈研究劳资利益共享问题（Aoki，1980，1982）。三是从产业关系角度研究更为广泛的促进劳资合作的措施。积累的社会结构理论（SSA）（Gordon，1982；Lippit，2004；McDonough，2010；Kotz，2012，2017）对劳资关系展开了复杂的分析。或通过资本一极，或通过劳动一极来诠释资本积累的社会结构演化。

（二）国内学者的研究

国内学者对于转型期中国劳资关系如何从对抗走向合作，实现劳资关系和谐的研究，主要也有三种途径：一是通过集体协商（谈判）等三方机制来寻求劳资合作，二是沿着博弈论的线索来展开对劳资合作问题的探索，三是深入挖掘马克思劳资理论来研究劳资合作问题。

国内一部分学者希望通过集体协商（谈判）协调劳资利益，从而达成劳资合作关系。集体协商主要需要解决谈判主体"工会"的独立性以及政府在劳资协商中所起作用问题。（程延园，2003，2004，2009；姚先国，2004，2013；谭浩，2005；蔡彤，2009；任小平、许晓军，2009；赵小仕，2009；陆雪琴和张旭昆，2011；常凯，2011，2013；任小平，2013；闻效仪，2017；王兴华，2017；谢玉华，2017）。任小平、许晓军（2009）认为有效的制度救济可以弥补工会等博弈劣势，使工会在劳资博弈中产生主动性[①]。常凯（2011）认为中国的劳资关系正在由个别劳资关系向集体劳资关系转变。政府、企业和工会都需要转型，并需要建立集体劳权的法律[②]。姚先国等（2013）利用杭州市企业调查数据评估了工资集体协商制度对基层员工工资的影响，得出了工资集体协商制度的实施效果，不仅要加强制度自身建设，还要创造有效实施的体制环境的结论[③]。谢玉华等（2017）通过质性分析和专家打分法构建了不同于西方集体谈判评价指标的我国企业集体协商评价指标体系[④]。

国内另一部分学者沿着博弈论的线索来研究劳资合作问题。学者从"非合作博弈"角度系统地解释人类合作的普遍现象，从而为研究劳资合作问题奠定了理论基础（黄少安，1997，2000，2011，2013；韦倩，2013，2016，2019），有学者从非合作博弈的劳资利益的帕累托改进方面，寻找劳资合作的基础与劳资合作的动因（吕景春，2009；韦倩、黄少安，2008；张利萍，2010）；有学者期望通过重复博弈解决劳资囚徒困境中的冲突问题，使劳资关系转向劳资合作（韦倩，2008；崔晓丽、孙绍荣，2009；谭琨，2011）；许清清、张衒（2014）指出学界套用"囚徒困境"分析我国劳资关系的缺陷，提出基于非对称博弈模型来探索劳资合作的演化路径[⑤]。由于"合作博弈"引起我国学者关注时间还不长，因此用"合作博弈"的方法来进行组织的研究还处于零散的状态。叶红心等

① 任小平、许晓军：《劳资博弈：工资合约中的制度救济与工会行为》，《学术研究》2009年第2期。
② 常凯、邱婕：《中国劳动关系转型与劳动法治重点——从〈劳动合同法〉实施三周年谈起》，《探索与争鸣》2011年第10期。
③ 姚先国、焦晓钰、张海峰：《工资集体协商制度的工资效应与员工异质性——对杭州市企业调查数据的分析》，《中国人口科学》2013年第2期。
④ 谢玉华、苏策、张媚、杨玉芳：《集体协商评价指标设计与应用研究》，《财经理论与实践》2017年第5期。
⑤ 许清清、张衒：《劳资博弈的演化路径与稳定策略》，《统计与决策》2014年第6期。

（2002）从合作博弈角度分析利益群体相互作用的联盟合作①。卢周来（2009）研究了合作博弈框架下企业内部权力的分配②。许清清等（2016）用合作博弈与非合作博弈模型解释了劳资谈判力，并在博弈的分析框架下梳理有关影响劳资谈判力的影响因素③。

　　国内还有一部分学者深入挖掘马克思劳资理论来研究劳资合作问题。韩喜平、徐景一（2012）分析了马克思劳资理论除了劳资存在对立关系外，还蕴含着在一定条件下劳动与资本合作的可能④。刘诚（2015）坚持马克思劳动价值论，树立正确的劳动观，突出创造性劳动，以人为本，尊重劳动者，促进快乐劳动，突出劳资关系的合作性质⑤。同时，张衔、魏中许（2016）探索了马克思唯物史观构建了人类合作的框架，解释了人类合作中不能由非合作博弈所解释的"非策略博弈"合作现象⑥。吕景春（2019）从马克思主义国家观的逻辑出发，重新阐释了马克思主义劳资关理论，探讨劳资"合作"因素，进而构建了和谐的劳动关系⑦。

二　基于管理学对劳资合作问题的研究

　　第一，国外学者从管理学角度通过现代管理手段来达成劳资合作（Jones，kato，1997；Duffy，Walsh，2002；Deery，Iverson，

---

① 叶红心、张朋柱、孙景乐：《利益群体的动态合作竞争》，《管理工程学报》2002 年第 1 期。

② 卢周来：《缔约视角下的企业内部权力之谜》，中国人民大学出版社 2009 年版。

③ 许清清、常璟、孙继国：《劳资力量的解释：一种基于非合作与合作博弈的分析框架》，《山东大学学报》（哲学社会科学版）2016 年第 4 期。

④ 韩喜平、徐景一：《马克思劳资关系思想解析》，《当代经济研究》2012 年第 8 期。

⑤ 刘诚：《劳动观、劳资关系与劳动政策——基于创造性劳动、人本主义和劳资合作的思考》，《探索与争鸣》2015 年第 8 期。

⑥ 张衔、魏中许：《如何破解人类合作之谜——与黄少安教授商榷》，《中国社会科学》2016 年第 8 期。

⑦ 吕景春、李梁栋：《公有资本，"劳动平等"与和谐劳动关系构建——基于马克思劳资关系及其相关理论的拓展分析》，《南开经济研究》2019 年第 6 期。

2005；Buccella，2016）。国外学者认为劳资之间不存在根本的利益冲突，其认为劳资冲突源于管理不善（Jacoby，1985），并认为劳资双方能够实现利益一致（Jones 和 kato，1997；Blasi 等，1997），劳资冲突能够得到有效缓解（Hambrick，1987；Kaufman，Lewin，1998），权力失衡有逐渐消失的趋势（O'Reilly 等，1989；Huselid，1995；O'Reilly 和 Chatman，1996；Ulrich，1997；Buccella，2016）①。

第二，国内学者从管理学角度来研究协调劳资关系的手段。唐方成等（2004）借鉴 Wright 的适应度景观概念和 Kauffman 关于生物系统进化的 NK 模型，利用系统分析和模块化设计的思想，将和谐管理方法进行了仿真，仿真结果表明和谐管理制度的耦合性与复杂性②。王自强、王浣尘（2005）认为和谐管理可以使个体与群体的目标一致③。刘静静等（2009）探索了和谐管理在多变环境下复杂管理问题的求解④。席酉民、张晓军（2013）坚持和谐管理是一种如何通过网络、层级和市场三种社会治理机制的良性互动方法⑤。席酉民等（2020）进一步研究了和谐管理的优势，其整合东西方管理智慧、与管理情境紧密结合以创造性地解决复杂问题，以及体现出了"动态"与"迭代"特征⑥。

① 转引自赵曙明：《国外集体谈判研究现状述评及展望》，《外国经济与管理》2012 年第 1 期。
② 唐方成、马骏、席酉民：《和谐管理的耦合机制及其复杂性的涌现》，《系统工程理论与实践》2004 年第 11 期。
③ 王自强、王浣尘：《构造企业管理中的和谐研究》，《管理现代化》2005 年第 1 期。
④ 刘静静、席酉民、王亚刚：《基于和谐管理理论的企业危机管理研究》，《科学学与科学技术管理》2009 年第 1 期。
⑤ 席酉民、张晓军：《社会治理视角下的和谐社会形成机制及策略》，《系统工程理论与实践》2013 年第 12 期。
⑥ 席酉民、熊畅、刘鹏：《和谐管理理论及其应用述评》，《管理世界》2020 年第 2 期。

三 基于博弈论对合作问题的研究

博弈论主要包括两大分支：一支是合作博弈，另一支是非合作博弈。合作博弈主要研究在强有力合约下，分配对联盟形成的挑战；非合作博弈主要研究自利的个体怎么达成双方的合作，探讨突破"集体困境"的机制，其主要是沿着经典博弈—演化博弈的线索展开。对人类合作的研究，学界一直认为非合作博弈才是研究合作问题的分支；忽视了合作博弈在多人合作问题中的贡献。

第一，合作博弈视角下的合作精髓在于分配对联盟的挑战性。诺依曼和摩根斯特恩（1944）认为人们可以形成联盟进行合作，对这种合作最大的挑战是利益如何在个体之间进行"公平"的分配。夏普利（1953）研究了假设参与者都有充分参与合作的可能性条件下的夏普利值分配，Aumann（1961）讨论了当有些联盟不被允许时，2、3、4人博弈的谈判集；Owen（1977）分析了具有联盟结构的分配值，杨荣基（2006）引入状态变量和随时间变化的贴现率，分析了当联盟的结构取决于动态系统的动态合作博弈的分配。

第二，非合作博弈视角下的合作在于怎样解决个体理性与集体理性之间的冲突，其主要是沿着经典博弈—演化博弈的方向展开。纳什（1950）建立了纳什均衡，强调个体决策最优，导致集体的无效率。由于纳什均衡是静态解，无法应用于个体之间长期的动态博弈，于是演化博弈运用而生。Smith 与 Price（1973）提出了重复博弈中的"适应性学习"机制，以及动态演化过程中演化稳定策略（ESS）；其与生态学家 Taylor 和 Jonke（1978）的复制动力学一起极大地推动了对合作的研究。基于非合作博弈理论可以逻辑一致地解释人类合作行为，包括亲缘选择（Fisher，1930；Hamilton，1964；Strassmann，2016）、直接互惠（Axelrod，Hamilton，1981；Boyd，Richerson，1988；Miyaji，2013；Osaka，2016）、间接互惠

（Alexander，1987；Nowak，Sigmund，1998；Leimar，Hammerstein，2001；Rockenbach，2006；Tanabe，2013；Ghang，Nowak，2015）、强互惠（Gintis，2000；Bowles，Gintis，2004；Sánchez，Cuesta，2005；Alexander，2016）、网络互惠（Nowak，1992，1993，1994；Hauert，2001，2006；Langer，2008；Wang，2013；Tanimoto，2017）、组间选择（Wilson，1983；West et al.，2007；Traulsen，2008；Simon，2016）等合作类型。用演化博弈方法分析社会困境博弈中群体合作问题，已成为一种最广泛的方法。

四　基于复杂网络理论对合作问题的研究

虽然演化博弈使博弈动态化，但其演化稳定策略（ESS，Evolutionary Stable Strategy）是建立在种群混合均匀的假设之上的；实际上，重复博弈不会在种群中的所有人中交互，博弈一般只会发生在相互连边的节点，因此必须将重复博弈放到空间中进行。复杂网络上的合作研究大致可分为以下两类：第一，纯策略演化对合作的影响，即在固定的网络结构上，考察不同的演化规则在特定的网络结构上对合作行为的影响。第二，共演化对合作的影响，即个体策略与底层网络交互的协同演化对合作的影响，其演化机制主要包括"节点属性""长程边""断边重连"与"节点迁移"。

第一，纯策略演化对合作的影响。网络拓扑结构与演化规则对整体的合作水平会产生较大的影响。Nowak（1992）研究了空间网络对博弈参与个体的空间隔离效应可以使得合作者形成所谓的团簇，在团簇效应的帮助下，合作者之间团结起来共同抵御边界背叛者的入侵[①]。Santos et al.（2005）比较了两种不同的网络结构即无标度网络和规则圆环网络上的囚徒博弈和雪堆博弈的演化，研究结

---

① Nowak M A, May R M.，"Evolutionary games and spatial chaos"，*Nature*，1992，359：826 – 829.

果显示无标度网络更容易形成合作者的"簇",从而能够极大地促进合作[①]。Rong et al.（2007）考察了网络的相关系数对合作行为的影响，发现群体结构不同的相关性往往会使得系统呈现不一样的合作水平[②]。Assenza et al.（2008）研究了高度聚类网络上的合作演化问题。结果表明聚类系数对合作演化的促进作用与合作所面临的挑战（即背叛诱惑比）密切相关[③]。

第二，共演化影响合作的机制主要表现为"节点属性""长程边""断边重连"机制与"节点迁移"。关于"节点属性"对合作的影响，Klein（2004）论证了价值观和个性是主体能否获得网络中的中心位置的关键因素[④]。Martin et al.（2006）网络的动态研究可以捕获个体的复杂性、独特性与网络相互之间的共同演化[⑤]。关于"长程边"对合作的影响，Hauert、Szabo（2005）研究了长程边对于囚徒困境博弈的影响，结果表明网络中长程边比例的增加会促进合作[⑥]。Tommy et al.（2016）比较了节点在本地范围内的重新连边与全球范围内的重新连边的这两种偏好；发现全球范围内的重新连边偏好，虽然存在建立长程边的一次性成本，但其更能促进合作

① Santos F C, Pacheco J M., "Scale-Free Networks Provide a Unifying Framework for the Emergence of Cooperation", *Physical Review Letters*, 2005, 95（9）：098104.

② Rong Z, Li X, Wang X, "Roles of mixing patterns in cooperation on a scale-free networked game", *Physical Review E*, 2007, 76（2）：027101.

③ Assenza S, Gómez-Gardeñes J, Latora V, "Enhancement of cooperation in highly clustered scale-free networks", *Physical Review E*, 2008, 78（2）：017101.

④ Klein K J., Lim B C., Saltz J L., D M. Mayer, "How Do They Get There? An Examination of The Antecedents of Centrality in Team Networks", *Academy of Management Journal*, 2004, 47（6）：pp. 952 – 963.

⑤ Martin Kilduff, WenpinTsai, RalphHanke, "A paradigm too far? A dynamic stability reconsideration of the social network research program", *Academy of Management Review*, 2006, 31（4），pp. 1031 – 1048.

⑥ Hauert C, Szabo G, "Game theory and Physics", *American Journal of Physics*, 2005, 73（5）：pp. 405 – 414.

的演化[①]。关于"断边重连"对合作的影响，Abranmson, Kuperman（2001）研究了囚徒困境从规则格子到随机图的不同网络拓扑结构产生不同的合作涌现行为，并证明了断边重连概率与合作涌现程度之间的关联性[②]。Zimmermann et al.（2004，2005）考察了"断边重连"机制对合作演化的影响，证明了很小的断边重连概率就能引起系统中合作水平显著提高的规律；论证了度分布较大的节点对系统的稳定性起着关键性的作用[③]。Van Segbroeck et al.（2008）假设合作者与作弊者具有不同的"断边重连能力"，当合作者和作弊者之间进行博弈交互时，对不良关系的断边策略为社会关系的合作提供了演进的基础[④]。Wu et al.（2010）考察了随机动态网络上的"断边重连概率"对合作演化的影响，他们以网络中主体间的连边为研究对象，结果发现合作者和非合作者之间的边被断开的概率越大，合作者之间的边被断开的概率越小，合作越容易演化；其研究为个体策略和网络结构的共同演化铺平了道路[⑤]。Raducha、Gubiec（2016）研究了基于 Axelrod 的社会互动模型的共同演化，分析了模型中四种不同的重新连边机制对合作的影响[⑥]。关于"节点迁移"对合作的影响，Vainstein，Arenzon（2001）做了开创性工作，其首

① Tommy Khoo, Feng Fu, Scott Pauls, "Coevolution of Cooperation and Partner Rewiring Range in Spatial Social Networks", *Scientific Reports*, 2016, (6), 36293.

② Abramson G, Kuperman M. Social games in a social network, Physical Review E, 2001, 63 (3 Pt 1): 030901.

③ Zimmermann M G, Eguíluz V M, San Miguel M, "Co-evolution of dynamical states and interactions in dynamic networks", *Physical Review E*, 2004, 69 (2), 065102.

④ Van Segbroeck S, Santos F C, Nowé A, Pacheco J M, Lenaerts T, "The evolution of prompt reaction to adverse ties", *BMC Evolutionary Biology*, 2008, 8 (1): p. 287.

⑤ Wu B, Zhou D, Fu F, Luo Q, Wang L, " Traulsen A. Evolution of cooperation on stochastic dynamical networks", *PLoS ONE*, 2010, 5 (6): e11187.

⑥ Raducha T, Gubiec T, "Coevolution in the model of social interactions: getting closer to real-world networks", *Physica A Statistical Mechanics & Its Applications*, 2016, 471: pp. 427 –435.

先将空穴引入到了空间方格子网络上[1]；其后 Helbing et al.（2009）研究了基于虚拟博弈的"迁移"对合作的影响。Wu et al.（2012）研究了基于期望的迁徙机制对合作演化的影响，证明了在低、中或高这三个不同的期望水平上，基于期望的迁移机制都大大改善了合作水平[2]。Chen et al.（2015）研究发现在允许个人调整其预期的回报水平的模型中，次优选择更能促进合作的出现[3]。

五 文献述评与可拓展的领域

（一）文献述评

国外对劳资合作的研究重视合作的措施，忽略对劳资关系的演化一般规律的研究，表现出一种实用主义；由于其认为劳资之间不存在根本的利益冲突，因此这些措施没能从劳资合作的根本原因入手。国内对劳资合作的研究始于近年。由于劳资合作的概念与马克思劳动价值论中剥削的概念有所冲突，因此对劳资合作的理论研究一度被暂且搁置。但人们深入马克思经典理论中，发现马克思历史唯物主义、辩证唯物主义都为劳资合作的研究提供了新的契机。近年来，博弈论、复杂网络理论进入主流经济学，反映了经济学越来越重视人们之间的利益冲突与合作的研究。但是，博弈论、复杂网络理论主流经济学嵌入研究合作问题时，存在以下几个问题。

第一，当学界把博弈论对人类合作的基础研究结果运用到经济管理领域时，由于学科交叉，往往出现不考虑模型假设而运用到实

---

① Vainstein M H, Arenzon J J, "Disordered Environments in Spatial Games", *Physical Review E*, 2001, 64 (5): 051905.

② Wu T, Fu F, Zhang Y L, Wang L, "Expectation-driven migration promotes cooperation by group interactions", *Physical Review E*, 2012, 85 (6), 066104.

③ Chen W, Wu T, Li Z, et al., "Coevolution of aspirations and cooperation in spatial prisoner's dilemma game", *Journal of Statistical Mechanics Theory & Experiment*, 2015 (1): P01032.

际问题的情况。经典的"囚徒困境"是被运用到劳资博弈中最多的模型，基于"囚徒困境"以"重复博弈"作为达成劳资合作的途径是学界主要分析方法；但"囚徒困境"的前提是对称博弈，因此"囚徒困境"还不能完全接近于我国"资强劳弱"劳资力量失衡的真实情况；并且，在劳资实力失衡的条件下，劳方的退出威胁是不可信的，因此期望用重复博弈来解决劳资冲突存在低效率。

第二，运用博弈论研究劳资合作时，大部分学者都是基于非合作博弈分支中的纳什均衡来研究劳资合作，忽视了合作博弈对合作的研究。N 人博弈的事情远比两人博弈复杂，研究两个以上参与者的博弈必须包含联盟分析的理论；因此还应结合合作博弈与非合作博弈理论来研究劳资合作。

第三，现阶段经济学、管理学对劳资关系的研究，从定性的角度概括分析中国特色劳资关系较多，深入分析劳资关系演化规律甚少。由于研究劳资关系演化的基本规律是研究中国特色劳资关系的基础，对劳资关系演化规律研究的缺失，使我们无法深入分析中国特色的劳资关系演化之路径。同时，缺乏劳资合作空间结构的分析，究其原因是源于欠缺空间结构研究的具体技术方法。复杂网络对合作问题的研究着重模型的构建、基础方法的分析，但鲜有学者把复杂网络模型具体运用到劳资合作的空间结构研究。因此，应结合复杂网络技术来研究劳资合作问题。

（二）可拓展的领域

第一，劳资演化博弈与复杂网络的结合，使劳资演化博弈打破了传统的劳资个体交互均质混合的假设；研究个体与空间结构的共同演化，这更符合劳资演化关系的实际过程。同时，把劳资博弈放到复杂网络空间中，突破了传统二人博弈的范畴；空间使 N 人博弈成为研究的主要对象，因此可以将合作博弈纳入以非合作博弈为主线的合作研究当中。

第二，复杂网络与劳资合作空间结构的结合，既是对复杂网络与博弈理论的实际应用，也拓展了劳资合作研究的新视角。复杂网络技术可以作为劳资合作空间结构研究的新工具，为传统的基于演化博弈分析劳资合作的研究提供了新方法。

第三节　研究框架与研究内容

一　研究内容

除第一章绪论外，本书由以下几个部分构成。

1. 本书第二章在对西方主流劳资理论重新思考的基础上，讨论了其理论体系中存在的偏见。西方主流劳资理论忽视了劳动者作为利益主体的利益要求，对劳资利益冲突研究模糊；站在资本的立场上研究劳资合作，不能完全激发劳动者生产的动力，也难以对劳资关系演化规律进行揭示。马克思的劳资理论中包含了劳资对立统一及形态演化的思想，他深刻地研究了企业内劳资冲突的根源，为本书提供了研究的理论基础、出发点与研究方法。本章还结合了西方前沿的博弈论与复杂网络理论来探讨"合作"问题，拓宽了劳资合作的研究视角。

2. 本书第三章揭示了劳资系统演化的一般性规律与特殊规律、一般路径与特殊路径以及劳资关系演化模型与机制。劳资关系演化遵循从低级向高级、从简单到复杂、从无序向有序的不断优化的非线性发展的一般规律。劳资系统演化又有其特殊规律，包括劳资关系第一阶段劳动力不得不与资本连接的劳资连边只是劳资协作而不是劳资合作；并且只有当劳资力量平衡，劳资关系才演化进入合作的常态阶段。进入劳资高级合作阶段，劳资连边动力机制从利益回报的"策略性合作"向精神回报的"非策略性合作"转化，从而使工人阶级从"自在的阶级"升华为"自为的阶级"；劳资关系演化中引起的社会动荡需要政府机制设计。

劳资关系演化的一般路径是从劳资个体冲突阶段→劳资群体冲突阶段→劳动初级合作阶段→劳资高级合作阶段→劳动和谐合作阶段的路径。劳资关系演化过程的五个阶段具有不同的劳资合作空间结构，包括劳资个体冲突阶段（随机网络、星状网络）→劳资群体冲突阶段（随机网络、星状网络）→劳动初级合作阶段（无标度网络、小世界网络、层级网络）→劳资高级合作阶段（无标度网络、小世界网络）→劳动和谐合作阶段（全局耦合网络）。然而，劳资关系演化并非是一个完全自组织过程，由政府设计劳资关系演化的路径与空间不仅可以减少劳资双方自主博弈的长期性与劳资冲突，而且还可以减少"突变式"演化的可能性，并在充满冲突的演化前两个阶段实现劳资平衡的合作关系。因此，政府可以改变劳资系统的演化路径，形成各个国家特有的劳资关系演化的特殊路径。

劳资关系演化模型首先建立在微分方程基础上来分析劳资关系演化，其与现实相差甚远的局限性需要我们把劳资关系博弈放到复杂网络空间中进行演化。模型得出结论1：合作利益的公平分配能够提升劳资合作行为的比例。结论2：劳资网络拓扑结构的异质性会影响劳资合作率的演化。结论3：无论在哪种网络结构上，机会利益的诱惑都能够破坏劳资合作率，随着机会利益的升高，合作率会降低。结论4：劳资关系拓扑结构的异质性会影响机会利益对劳资合作的破坏作用。这些结论为我们研究劳资关系演化的机制奠定了基础。

劳资关系演化机制包括动力机制、突变机制、嵌入耦合机制和多层级协同机制。劳资系统中劳动者与资本所有者之间的合作与冲突构成了劳资系统中最主要的动力机制。劳资关系突变一般发生在劳资系统产生关键变化的阶段或劳资的中心节点上，突变行为会对整个网络产生颠覆性的影响。嵌入耦合机制使劳资系统在不同的政治、历史、文化环境中始终保持动态均衡，最后演化成不同结构的网络，呈现出多样性的结构特点。劳资系统里各主体通过学习、模仿、扩散等策略，使各个系统之间互动，产生出超越各子系统单独作用的集体效应，从而使多层级协同机制形成了互利共生协同关系。

政府促进劳资合作，不仅可以通过改变博弈规则来平衡劳资力量，从而设计劳资关系演化路径以尽早达成劳资合作；还可以通过构建劳资合作空间结构，如改变劳资主体的连边、聚类、最短路径等，以尽快构建符合劳资状态的劳资合作空间结构来达成劳资合作。政府的机制设计使组织内部产生势能和张力，强化、放大组织的运动和变化，对劳资网络拓扑结构演化产生影响。政府构建劳资合作空间结构的机制设计包括政府对劳资主体（节点）连边的添加、消亡、移去和限制等；加点、加边、去点、去边，以及断边重连等机制使劳资关系呈现不同的拓扑结构。

3. 本书第四章验证美国、德国劳资合作空间结构演化是否符合劳资系统演化规律，并揭示其合作结构与历史、社会的匹配性与缺陷，拟证明各国政府主要是通过对劳资节点生长、对劳动力之间连边、劳资之间连边等机制设计来构建劳资合作空间结构的规律。美国与德国的劳资关系演化都遵循从低级向高级、从简单到复杂、从无序向有序、由低序向高序的不断优化的非线性演化的一般规律。两国的劳资关系演化路径都符合"劳资个体冲突—劳资群体冲突—劳资合作"的劳资关系演化一般路径。两国劳动者自组织（工会）从"工人激烈斗争—工会壮大—工会分散缩小"的演化路径，其都符合从组织程度低向组织程度高的阶段演化，最后直至组织程度松散的一般路径。两国劳资关系空间演化结构也符合从最初的"随机网络、星状网络"到现阶段的"小世界网络""无标度网络"的演化路径。

两国政府又根据本国的历史与国情设计了其特殊路径。美国政府虽然为了缓和劳资冲突，在劳资关系第三阶段被迫平衡了劳资关系，从而使劳资进入合作关系阶段；但其为资本利益服务的宗旨没有变化，因此其在劳动自组织演化第一、二阶段阻碍劳动者连边的机制设计延长了劳资群体冲突的历史；在第三阶段其分化劳动自组织的机制设计使组织过早地进入衰退期，使工人阶级为共同利益奋斗的目标模糊，从而使美国劳动自组织促进社会向前演化遇到一个质的问题。在劳资关系演化第三阶段，美国通过改变劳资合作空间结构从而促进劳资合作关系，这在一定程度上也缓和了劳资矛盾，并同时形成了以企业工会与企业资本为主的"分散化"谈判模式以及现阶段的雇佣灵活化方式。德国的工业化晚于英国、法国和美国，因此其设计了用来快速赶上竞争对手的劳动关系；但是德国劳资关系演化受战争的影响较大，战争不仅使劳资关系演化进程中断，也促使了德国社会民主呼声异常高涨。德国劳资关系演化路径表现出政府较强的干预倾向，并且劳资关系在政府强大之手中成为服务其他目标的手段。例如，在劳资演化第二阶段时就已经出现具有第三阶段的劳资共决制度，但是很快昙花一现；第二次世界大战后，政府的政策又使德国形成强大的工会与大股东的平衡。因此，德国呈现出强大的工会与强大的股东的"集中平衡"状态。

4. 本书第五章分析了中国特色劳资关系的历史演化路径。为了在落后生产力基础上建立社会主义制度，我国立足于本国国情，走出了一条具有中国特色的劳资关系道路。清中叶后至新中国成立之前，这一历史时期为中国特色劳资关系的前期铺垫阶段；计划经济时期为中国特色劳资关系演化路径的第一阶段；党的十一届三中全会以来为中国特色劳资关系演化路径的第二阶段；党的十八大以来为中国特色劳资关系演化路径的现阶段。现阶段我国主体劳资关系正处于由第二阶段向第三阶段演化的时期，同时又具有第四阶段等多阶段发展特点。在劳资关系演化路径中，政府设计劳资关系演化路径虽然不能超越劳资关系演化规律，但我国政府设计劳资合作路径不仅可以减少自然演化路径中的劳资冲突，还可以在演化第一、二阶段平衡劳资力量；并在演化三、四阶段加速实现劳资合作的常态关系。我国劳资合作空间结构也具有鲜明的机制设计特色，包括劳资节点迁移的机制设计，劳资节点增长的机制设计，劳资断边重连的机制设计，劳动自组织演化的机制设计，劳资合作的机制设计。

5. 本书第六章分析党的十八大以来劳资关系演化新路径。党的十八大以来，在我国崛起的过程中，国际摩擦日益增多，部分外资的撤离都给我国劳资关系提出新的挑战。党的十八大以来劳资合作进入了新时代，资强劳弱不平衡的劳资关系趋于平衡，收入分配不均的趋势减缓，企业民主建设新格局形成，新的劳资关系空间结构建立。党的十八大以来政府对劳资关系的机制设计包括：第一，对劳动力节点的机制设计，增加了劳动力节点增长的速度，提高了劳动力人力资本存量，增强了特殊弱势群体的技能；积极组建工会网络，推进劳动者形成连边，特别是引导特殊弱势群体入会；构建了个体劳动者协商底线，保障劳动者权利；用人才政策控制引导高端人才的流动。第二，对资本的机制设计，积极推进供给侧改革，引导资本进行兼并，从而实现劳资生产要素空间结构最优配置；深化金融体制改革，建立多层次资本市场，强化资本市场功能，防范金融系统风险；引导资本履行社会责任。第三，对劳资关系空间结构的机制设计，针对外商投资企业的撤离所引起的原有劳资结构坍塌，有序地引导劳资博弈回合和流程；以"乡村振兴战略"和推进城镇化为重点，着力解决制约经济持续健康发展的劳资节点的结构分布问题并创新创业与就业的空间结构。第四，政府平衡劳资力量的机制设计，培育劳资关系协商主体，构建平衡劳资主体的机制，动态平衡劳资力量，推行"集体协商"制度。第五，政府对劳资连边的机制设计，结合市场机制与产业政策创新劳资连边机制，深化经济体制改革，规范法制建设，弘扬我国传统文化，以共同信仰凝聚劳资节点，减少劳资节点连边的交易成本，加强劳动者从收益报酬机制的连边转向精神回馈机制的连边。

6. 本书第七章为构建劳资合作关系提出了对策建议。第一，针对劳资个体节点的机制设计，包括对个体劳动力节点的机制设计与个体资本节点的机制设计。对劳动力节点的机制设计，包括增加劳动力节点增长的速度，引导劳动力节点的迁移，提高劳动力人力资本存量，搭建人力资本创新平台，减少劳动力节点迁移成本与连边成本等。对个体资本节点的机制设计，包括改变市场中资本的相对稀缺状态，鼓励资本节点的成长，引导资本脱虚向实，解决实体经济"融资难、融资贵"等问题，健全金融监管体系，强化金融风险源头管控，防止发生系统性金融风险的可能性，拓展企业家精神生长空间以激发和保护企业家精神，鼓励企业家投身创新创业。第二，针对劳资群体节点的机制设计，包括制衡强势资方、增强弱势劳方力量以平衡劳资力量。引导劳动自组织有序演化，增加劳动者自组织的聚类系数，利用"互联网＋工会"，通过互联网降低劳动者连边路径与交易成本，完善自组织工会对集体行动的引导，发挥工会对内的约束力以及对劳资合作的积极作用。改革国有企业以引导和谐劳动关系，创新非公有制企业劳资合作关系。第三，深化劳资连边机制的策略，逐步建立确认劳动力产权的机制，以实现对产权的有效激励；加快要素价格市场化改革，有序破除约束要素劳动力自由流动的限制，打破行政性垄断，防止市场垄断，强化市场监管体制，完善以市场机制为基础的产业政策，弘扬传统文化以发挥"精神"连边机制作用，培育和践行社会主义核心价值观使劳动者从"物质利益"演化为"精神"的连边，加速劳动者从"自在阶级"升华为"自为阶级"。第四，针对构建劳资合作空间结构的策略。政府加点连边机制可以不同程度地改变劳资关系内部拓扑结构，影响自组织运行的方向和过程，促进劳资合作空间结构平衡协调发展，从而增强劳资合作。吸引资本向互联网、大数据、人工智能等行业转移，并与传统实体经济深度融合，从而迈向全球产业链中高端。扩大劳资合作连边范围，推动形成全面开放新格局，深化区域协调发展战略，促进东中西区域劳资合作空间结构平衡，深化乡村振兴战略，吸引资本进入农村、农业，促进城乡劳资合作空间结构平衡，引导资本"走出去"，通过"一带一路"深化国际合作，使我国资本在全世界范围内与当地劳动者连边，从而改变全球劳资合作空间结构。

二 研究框架

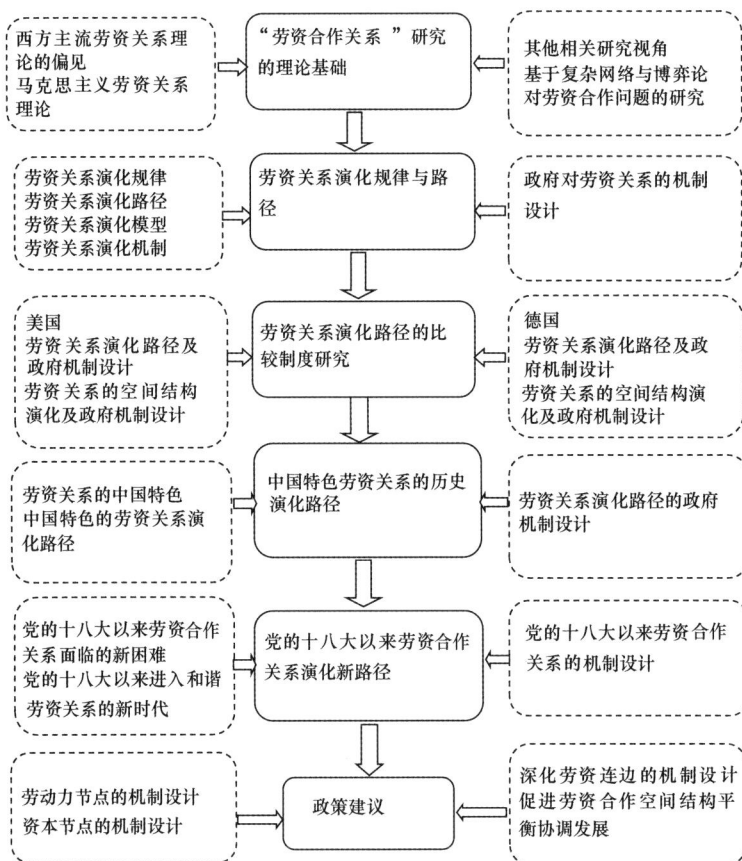

图1-1 研究框架

第四节 研究方法与创新点

一 研究方法

本书以马克思历史唯物主义和辩证唯物主义为指导思想，从博弈论、管理学与经济学相结合的多维视角，借鉴复杂网络分析方法，采用定性与定量分析相结合，规范分析与实证分析相结合的方法展开研究。

1. 科学的抽象方法。构建劳资系统演化是一种中等抽象层次理论。从产生的背景和具体现实基础出发，借鉴以往文献对劳资合作现实问题的具体分析，抽象出劳资博弈与合作空间结构演化属性，实现从具体到抽象的演绎。之后，依据劳资系统演化，考察我国劳资合作的空间结构，着重分析劳资博弈规则、节点移动、断边重连等内在机制，研究促进劳资合作的演化机制与路径，为我国政府治国理政提出新的政策建议，实现从抽象到具体的演绎。

2. 比较制度分析法。由于我国劳资关系演化是政府主导的制度变迁的结果，这种变迁过程决定了我们不能照搬国外的某种经验模式，而必须在比较借鉴的基础上加以消化吸收并形成中国特色的劳资关系路径。

3. 基于复杂网络上的博弈分析方法。以马克思经典理论作为价值判断出发点和落脚点，深入研究了企业劳资冲突的本质，指出了劳资合作的利益帕累托改进与劳资合作的关联性。将劳资博弈纳入复杂网络空间中演化，构建复杂网络上劳资合作演化博弈模型。借鉴复杂网络技术刻画劳资网络的基本特性、分析网络的拓扑结构，既兼顾一般性又具有特殊性。

二 创新之处

本书从理论分析和经验研究两个方面入手，探讨了劳资关系演化的作用规律与机制，探索了中国特色的劳资关系的演化路径，主要创新之处总结如下。

1. 研究选题的创新性与系统性

基于演化博弈理论，探索中国特色的劳资关系的演化路径是一个全新的课题。从现有研究来看，部分学者对这一问题进行了探讨，然而相关理论框架并不完善，难以对中国劳资关系演化之规律作清晰的揭示，这也是本书进行研究的重要原因。本书基于马克思劳动价值理论，运用马克思唯物主义与辩证法，借鉴在复杂网络上的演化博弈模型分析劳资关系的演化规律和演化机制，并全面系统地研究中国特色劳资关系的演化路径，特别是党的十八大以后我国劳资关系路径的演化，为中国发展共享经济、和谐社会提供新的理论证据和应用性支持，选题新颖且具有理论前沿性。

2. 研究对象的拓展性

在分析劳资关系时，国内外文献研究更多地关注解决劳资冲突与协调劳资关系的具体措施，对劳资关系的演化根本规律仅限于理论的描述，没有形成统一的体系。而本书不仅尝试在劳资关系演化基础上来探索中国特色劳资关系的演化路径；同时把政府作为劳资关系结构的设计者，其机制设计劳资节点的增加与减少，劳资节点的移动、劳资主体间连边与断边重连等来规划我国劳资关系演化路径，为党和国家治国理政提供了新思想与新战略。

第二章

劳资合作研究的理论基础

西方主流经济学与马克思主义政治经济学都对劳资关系展开了研究。马克思主义政治经济学深刻地揭露了劳资冲突的根源，其不仅分析了劳资关系的对立性，也研究了劳资关系的统一性。西方主流经济学无论从古典经济学到新古典经济学，再到新制度经济学、管理学，劳资矛盾虽然是西方企业劳资关系中最主要、最根本的矛盾，西方世界也一直寻求协调劳资矛盾的方法与措施，但这种矛盾的根源一直被西方主流学界遮掩，其对劳资关系的研究也一直都坚持着某些偏见。

第一节　西方主流劳资关系理论的偏见

一　对劳资利益冲突研究模糊

（一）新古典经济学继承古典经济学的偏差

亚当·斯密（Adam Smith，1776）在《国富论》中关于雇员工资的讨论，就已经意识到雇主与雇工的合同本质，他提到了雇主和雇工之间的利益冲突，并且已经认识到他们之间的谈判权力是不平等的。虽然古典企业理论注意到劳资之间的利益冲突，但是其研究思路并未被新古典经济学所继承。

新古典理论从来没有正视过企业内部各要素所有者的利益冲突。新古典理论虽然假设经济参与者具有自利性，劳资双方有各自的目标和利益，但新古典经济学并没有深入企业内部去研究劳资关系，而是把劳资关系暴露在市场中。劳动力的工资由劳动力市场来决定，企业利润归资本家所有，各取所需，价格解决了劳资冲突，也就不存在冲突了。新古典经济学虽然明确了两大生产要素在生产过程中的不可完全替代性，但并没有对二者在生产过程中发生的分工协作关系作具体探讨，只是把劳资关系抽象地看成一种经济技术关系。而真实的企业不仅包括多个利益不一致的要素主体，而且这些要素具有契约、市场机制所未能完全解决的利益冲突关系。

(二) 新制度学派努力融入新古典框架

新制度经济学在研究企业内部利益冲突时，站在企业投资者（尤其是股东）的角度，围绕着委托代理之间的道德风险和专用性投资易被敲竹杠的风险这两方面来展开研究。劳资关系作为企业契约最为关键的一组，虽然不再是新古典经济学中的劳动与资本的技术经济关系，而是一种委托代理关系；但新制度经济学延续了新古典经济学契约内容是由外部市场条件决定的思想。因此，基于这组契约，资本与劳动在市场上实现了平等的产权让渡。资本所有者获得一定时间的劳动力使用权，劳动者取得报酬，劳动者"内化"于企业中①。

---

① 张庆伟：《劳资关系的涵义：三种不同的经济学解读》，《当代经济》2007 年第 11 期。

科斯（1937）认为企业的交易成本是资源配置的障碍①，从而让人们把眼光从市场转入了企业内部。对交易成本产生原因的关注使交易成本经济学关注了信息和利益冲突的研究。同时，科斯将"权威"引入雇佣关系中，使交易成本经济学看到了生产关系涉及了劳资的利益冲突，但交易成本经济学把利益冲突的解决赋予了资方单方制定的契约；同时"交易成本"的概念把整个交易成本经济学引向了另一个方向，对劳资关系的描述犹如霎那的烟花转瞬即逝。

威廉姆森（1985）的交易成本经济学认为人具有有限理性，并构建了机会主义→交易成本→契约不完全的分析框架。因为资产专用性会引发敲竹杠问题，股东的资产专用性会导致被敲竹杠，所以必须保护股东的利益。为了解决这一问题，交易成本经济学以交易为单位，研究从市场到企业科层的治理。机会主义概念的出现表明了组织内部以及组织之间存在利益冲突。威廉姆森试图将信息约束与利益冲突的思想结合起来，但又认为机会主义只是员工对于股东的敲竹杠，而不是双向的。我们不禁要问，资本要素拥有者难道不会对处于失业压力背景下的劳动要素拥有者敲竹杠吗？

委托代理理论虽然正视了企业内要素所有者的利益冲突，但仍与新古典的资本至上观点一脉相承。委托代理理论注意到所有权与经营权相分离后，委托人（股东）与代理人（管理者）之间的利益冲突关系，并认为道德风险、信息不完全是管理层机会主义的原因。委托代理理论依靠把监督权给予股东，并对管理层设计一系列

① 科斯的观点遭到了库特等人的强烈批评：库特认为即便在产权明确界定的零交易费用世界中，谋略上的相互争斗也会成为资源潜在浪费的一种根源（Buchanan, 1986）。谋略上的相互争斗其实就是权利分配冲突的外在表现，将资源配置的低效归结为以谋略行为所表现出来的分配冲突的观点。因此，交易费用的存在不是资源配置有效性的障碍，资源配置的障碍在于集团选择过程中所存在的权利分配的冲突。言下之意就是，即便是在零交易成本的选择世界里，如果集团内部的权利分配结构没有确定，集体利益也不一定实现。

激励机制使管理层与股东的利益一致。

不完全契约理论对企业内的利益冲突研究仍然是坚持解决机会主义的敲竹杠问题；而信息不对称、资产专用性与不完全契约都是敲竹杠得逞的条件。威廉姆森用企业内部契约治理来解决企业内部利益冲突；而不完全契约理论用"剩余控制权"的配置来解决利益冲突。"对物质资产的控制能够导致对人力资产的控制：雇员将倾向于按照老板的利益行动。"（Hart，Moore，1990）[1] 非人力资本的投资者作为委托人，他们聘请企业代理人并设计企业主要的契约和制度，从而确保企业代理人为其利益最大化服务。

（三）管理主义学派延续主流经济学的传统

管理主义学派认为员工同企业利益基本是一致的，不存在根本利益冲突；劳资之间存在冲突的原因在于雇员处于被管理的从属地位，员工产生不满的根源在于劳资之间的管理与服从的关系。

综上所述，新古典经济学认为利益冲突是可以由市场机制自动地解决并达到帕累托最优，从而忽略了企业内部的利益冲突；企业理论的发展逐步重视企业内部矛盾的拆解，但又是仅仅从信息角度研究利益冲突，从契约和权利的方面处理利益冲突，并没有触及利益冲突的核心；委托代理理论虽然直接从利益冲突入手，但对企业内部利益冲突的研究仅仅站在股东利益的角度，怎样诱使代理人与委托人的目标函数一致，解决代理人的机会主义以及劳动者的机会主义，而劳动者的利益并没有得到研究。同时作为企业内两大主体——劳资利益冲突的研究虽然曾偶然地闪现出一丝火花，但遗憾的是劳资根本利益冲突一直不是主流企业理论研究的重点。

---

① ［美］奥利弗·哈特：《企业、合同与财务结构》，费方域译，上海人民出版社 2006 年版，第 71—74 页。

二　对劳资合作研究不足

斯密在《国民财富的性质和原因的研究》（亚当·斯密，中译本，1972）中描述了"协同"或"合作"；法国的让·巴·萨伊（Say，J. B.）和弗雷德里克·巴师夏（Frederic Bastiat）分别在其《政治经济学概论》（萨伊，中译本，1963）和《和谐经济论》（巴师夏，中译本，1995）中认为资本主义自由经济是一种和谐的经济；约翰·穆勒（Mill，J. S.）在《政治经济学原理》（J. S. 穆勒，中译本，1991）中论述了人类经济行为的合作，还专门分析了劳动合作（黄少安，2000）①。

古典经济学对合作研究的涉略很快被淹没在以竞争为主线的新古典经济学中。除了团队理论从团员的偷懒造成团队生产效率下降的角度，可以认为有"合作"研究的影子之外，主流经济学一直延续着股东利润最大化的传统，忽略了劳方的利益，因此很难达到劳资合作的状态。

三　对劳资关系演化规律研究缺乏

西方发达国家根据经济发展的不同阶段，以劳资冲突为代价，从实践中摸索出了符合劳资关系演化规律的劳资制度，但其政府站在资方利益的角度，拖延了劳资关系演化的进程。西方学界对劳资关系的演化，即劳资关系如何从劳资关系演化为以劳动者为主体的劳动关系这一问题研究甚少。西方资本主义的劳资关系以劳动者和资本为主体，但劳资关系仅是其演化的前几个阶段所存在的特征，最终都将演化为劳动关系。如果不能从演化的角度来看待这一问题，那么就会割裂劳资关系演化的几个阶段，也不会理解从资本主

---

① 黄少安：《经济学研究重心的转移与"合作"经济学构想——对创建"中国经济学"的思考》，《经济研究》2000 年第 5 期。

义劳资关系演化到共产主义劳动关系的必然性。

第二节　马克思劳资关系理论的辩证统一

一　劳资关系理论

（一）劳动与资本的对立

马克思《资本论》巨著运用唯物辩证法考察在生产、交换、分配、消费四个环节劳动、资本以及它们之间的关系；在科学的唯物史观和阶级分析方法论的基础上，通过对异化劳动、雇佣劳动与资本、剩余价值生产的分析与批判，深刻地揭示了劳资关系的实质，并明确地指出了在劳动力市场平等交换的表象下掩盖的生产过程中劳资之间不平等的关系。

第一，马克思通过对流通领域中劳资关系的研究，发现了资本运动总公式包含一个内在的矛盾，从而揭示了劳资之间存在着形式上的平等而实质不平等的关系。在 G—W—G′资本运动总公式中，无论是第一次的买 G—W，还是第二次的卖 W—G′，按照等价交换的原则，流通领域不能增值，但是资本经过流通过程，却又产生了剩余价值，G′>G。马克思进一步指出，解开这一总公式矛盾的钥匙在于资本家最初购买用于生产的劳动力商品是一个特殊的商品。于是，流通领域的平等交换的关系隐藏着生产关系中劳资不平等的关系。

第二，马克思通过对资本主义生产和再生产过程的研究，指出了资本主义生产资料私有制条件下，劳资之间不平等的关系。

首先，资本主义生产方式的前提是劳动者与生产资料的分离。"商品市场的这种两极分化，造成了资本主义生产方式的基本条件。资本关系以劳动者和劳动实现条件的所有权之间的分离为前提。"① 劳动者与生产资料的分离，使资本所有者获得了生产资料购买了劳动力；劳动者丧失了生产资料，不得不出卖自己的劳动力。资本家雇佣劳动者，使劳动力与生产资料相结合，从而实现生产过程。而劳动者由于没有生产资料不得不被雇佣，在获得劳动报酬的条件下，不得不放弃对自己劳动成果的权利，这样就产生了资本家与工人的雇佣关系。雇佣劳动是资本主义社会的基本特征。

其次，在生产过程中，资本家剥削的秘密在于他在市场上找到了一种特殊商品——劳动力。劳动力商品具有独特的使用价值，即它在使用中能造出比自身价值更大的价值。当资本家购买了劳动力商品，即拥有对劳动力的使用权、对劳动力生产的产品的占有权，由于商品所有权规律转化为资本主义占有规律，最终资本家无偿占有了那部分剩余价值。资本的本性决定了他将尽力增加剩余价值的生产，所采用的方法一是绝对剩余价值生产，即在必要劳动时间不变的条件下延长工作日，拉长剩余劳动的时间；二是相对剩余价值生产，即在工作日长度不变的条件下，提高劳动生产率，降低工人消费的生活资料的价值，缩短必要劳动时间，从而导致剩余劳动时间相应延长。因此，资本的本性"像狼一般地贪求剩余劳动，不仅突破了工作日的道德极限，而且突破了工作日的纯粹身体的极限"②。

第三，资本主义利润生产和积累过程同时也就是无产阶级的贫困化过程。"社会的财富即执行职能的资本越大，它的增长的规模和能力越大……常备的过剩人口也就越多，他们的贫困同他们所受的劳动折磨成反比。最后，工人阶级中贫苦阶层和产业后备军越大，官方认为需要救济的贫民也就越多。这就是资本主义积累的绝

---

① 马克思：《资本论》（第一卷），人民出版社 2018 年版，第 821 页。
② 马克思：《资本论》（第一卷），人民出版社 2018 年版，第 306 页。

对的、一般的规律。"① 正是因为资本家剥削与占有工人的剩余价值才造成越来越多的工人走向贫困。

（二）劳动与资本的统一

马克思劳动关系理论主要是深刻地揭露了劳资之间的对立性矛盾以及资本主义剥削的本质；但是他又在资本家剥削压迫工人的对立性上，分析了两者之间的统一性。"不论生产的社会的形式如何，劳动者和生产资料始终是生产的因素。但是，二者在彼此分离的情况下只在可能性上是生产因素。凡要进行生产，它们就必须结合起来。"② 资本主义生产必须以劳动者与作为资本的生产资料相结合为基础。如果资本不雇佣劳动者，劳动者就无法再生产出劳动力。如果没有劳动者的雇佣劳动，资本也没有可供剥削的对象，也无法榨取剩余价值，资本就会灭亡。因此，在资本主义私有制条件下，资本和劳动相结合是双方存在的基础。马克思在劳动与资本之间的对立关系基础上，论述了劳动与资本两者相结合相统一的关系，以对立统一的辩证法思想揭示了在资本主义条件下劳动与资本关系的本质。

二 劳资关系演化思想

马克思劳资关系理论不仅具有系统性，并且具有演化性。其系统性表现在劳资关系演化过程中劳动与资本相互作用的复杂关系；其演化性则蕴含在"生产力—生产关系"的辩证运动之中。马克思把唯物辩证法和唯物史观作为演化的一般分析方法，以劳动价值论为微观分析起点，展开到社会形态的宏观演化研究，从而形成了从微观到宏观层面的辩证统一。

---

① 马克思：《资本论》（第一卷），人民出版社 2018 年版，第 742 页。
② 马克思：《资本论》（第二卷），人民出版社 2018 年版，第 44 页。

　　马克思劳资关系中劳资主体节点之间、劳动力节点之间、资本节点之间的非线性交互过程，具有随时间、空间动态演化的特征。劳资关系自发演化的起点是从简单商品经济开始，以生产资料个体私有制和个体劳动为基础的小商品经济使劳动者和资本所有者身份重合，这些节点构成了劳资关系中最初的散点。随着工业革命的发展，在资本主义条件下，这些节点又演化分离成劳动者与资本不同属性的个体节点。马克思在《资本论》中论述了劳资分离的过程，"创造资本关系的过程，只能是劳动者和他的劳动条件的所有权分离的过程，这个过程一方面使社会的生活资料和生产资料转化为资本，另一方面使直接生产者转化为雇佣工人"①。失去生产资料的劳动节点不得不被迫与资本的节点连边，劳资冲突首先表现为劳资之间的个体冲突。随后，一部分劳动者开始连边聚集，资本疯狂破坏劳动者的连边，因此造成了劳资之间的群体冲突。聚集起来的劳动者与资本逐渐形成了力量平衡的关系，于是劳资集体谈判等对话机制产生，劳资关系从而进入劳资初级合作阶段。由于信息技术的发展与人力资本含量的提高，劳动者无须再通过聚集来获得公平的分配，于是劳动者自组织从聚集走向分散；同时，劳资关系结构变得松散，灵活用工等非正规就业改变了传统劳资雇佣关系，企业的边界出现无界化特征，劳资关系进入劳资高级合作阶段。随着大数据等智能技术的发展，劳资关系无须通过中间节点作为桥梁，劳动自组织、企业、市场、资本最终都会消失。网格上劳动者的劳动直接就是社会劳动，于是私人劳动与社会劳动的矛盾消失，生产社会化最终拆解了生产资料资本主义私有制，于是劳动关系替代了劳资关系，进入和谐劳动关系。

　　马克思从三个维度构建了劳资关系理论。首先，深刻地揭露了

---

　　①　马克思：《资本论》（第一卷），人民出版社 2018 年版，第 822 页。

劳资冲突的根源与劳资的对立性。资本通过对生产资料的占有实现了对劳动力的控制；劳动者由于没有生产资料，因而只能被资本雇佣。其次，运用对立统一辩证法说明了劳资在对立的基础上又具有统一性。生产需要劳资双方结合和必须结合，在资本主义条件下，资本和劳动相结合是双方存在的基础。最后，生产力与生产关系的辩证统一关系推动着作为生产关系的一部分的劳资关系与生产力共同演化。

综上所述，西方主流经济学认为企业是一个抽象的生产函数，是"对价格机制的替代"和"一系列契约的联结"；但在马克思主义政治经济学分析范式中，企业是一个建立在生产资料所有制基础上，表现为资本雇佣劳动、控制劳动的权利结构，以追求剩余价值最大化为目的的资本主义生产组织。马克思不仅明确了企业的生产功能，还阐明了资本主义企业是建立在生产资料资本私有基础上的资本主义生产方式。在研究企业内部要素关系时，西方主流经济学认为劳动者与资本之间的结合是一个自由契约的过程，资本家与劳动者在这种交易中都享有充分自由交换的权利。企业内部主要的矛盾冲突不是劳资冲突，而是委托人（股东）与代理人（经营者）之间的矛盾，因此西方主流经济学主要研究企业所有者与企业经营者之间的委托代理关系。然而，马克思却看到了劳资双方市场契约的强制性，即资本家通过生产资料所产生的强制性力量，无论是在市场上迫使劳动者与之结合，还是在生产领域强迫劳动者接受其强制性管理，自由的雇佣关系都是建立在资强劳弱的不平等契约之上的。因此，马克思研究的是企业最重要的关系——劳资关系。

第三节　博弈理论对合作问题的研究

经济学越来越重视人们之间的利益冲突、竞争与合作的研究。

面对人类社会普遍存在的合作行为与各种组织，一部分学者们开始对传统微观经济学的假设提出质疑，部分学者开始借鉴博弈论或者从纯经济学理论的角度开始研究人类合作行为。虽然主流经济学认为价格机制是个人理性与集体理性达成一致的机制，但是微观主体怎样进行市场交互，达成一致的过程还需要博弈论的策略研究。

一　非合作博弈理论对合作的研究

（一）非合作博弈模型

20世纪50年代后从"非合作博弈"视角对人类的交易与交往活动的研究和解释曾革命性地改造和重塑了过去的微观经济学。本书选取了静态的囚徒困境博弈、鹰鸽博弈和动态的轮流叫价博弈来分析非合作博弈达成合作的途径。

第一，囚徒困境博弈。囚徒困境博弈是一次性静态的、对称的博弈，并且是在双方缺乏交流的情况下，没有约束力合约情况下的冲突。囚徒困境博弈的个人效用函数不仅取决于自己的策略和偏好，而且取决于其他参与人的决策和偏好。因此，每个参与人的最优决策函数中也包括其他人的决策。

囚徒B

		合作	冲突
囚徒A	合作	R, R	S, T
	冲突	T, S	P, P

图2-1　囚徒困境博弈的一般表达式

其中，T＝对背叛的诱惑，S＝给笨蛋的报酬，R＝对合作的奖励，P＝对背叛的惩罚，产生囚徒困境的关键条件：（1）$T > R > P$

$>S$，这个条件保证了参与人看到了 $T>R$，以及 $P>S$，将总会选择第二行第二列，这不可避免地产生次优的选择（2）$(T+S)/2 <R$，这个条件保证参与人不能通过轮流背叛摆脱困境。也就是说，交替的背叛对方和被对方背叛的收益没有双方合作好[1]。（3）囚徒困境是一个对称博弈，我们可以理解为 2 个囚徒的实力是相等的，因此，两人互换对博弈结果没有影响。

第二，非对称鹰鸽博弈。非对称鹰鸽博弈中"鹰"表示对抗性策略，"鸽"表示合作性策略。非对称鹰鸽博弈双方所争夺的目标不同，对乙方来说，价值为 V_1；对甲方来说，价值为 V_2，并设 $V_1 > V_2 > 0$。C 为争夺造成的损失。如果双方都采取冲突策略，那么双方获胜和失败的概率都为 $1/2$，因此各自期望利益为 $1/2(V_1 - C), 1/2(V_2 - C)$。如果双方采取合作的策略，那么各自获得自己期望利益的 $1/2$。如果一方采取冲突策略，另一方采取合作策略，那么采取合作策略的一方获得的收益为 0，采取冲突策略的一方获得的为自己的目标利益。得益矩阵如下图。

		甲方	
		冲突	合作
乙	冲突	$1/2(V_1-C)$，$1/2 \times (V_2-C)$	V_1，0
方	合作	0，V_2	$1/2V_1$，$1/2V_2$

图 2-2 非对称鹰鸽博弈

资料来源：谢识予：《经济博弈论》（第二版），上海复旦大学出版社 2006 年版，第 269 页。

第三，轮流叫价博弈。轮流叫价博弈是动态博弈，当事人的谈判能力是可变的。罗宾斯坦英给了我们这样一个案例：有两个人要

---

[1] ［美］邓肯·J. 瓦茨：《小小世界——有序与无序之间的网络动力学》，陈禹等译，中国人民大学出版社 2006 年版。

分一块蛋糕。参与人 1 先出价，提出自己的分配方案 x_1，参与人 2 选择接受或拒绝。如果选择接受，则博弈结束；如果选择拒绝，则参与人 2 还价，提出相应的分配方案 x_2，参与人 1 选择接受或拒绝。若选择接受，蛋糕按 x_2 分配；若选择拒绝，参与人 1 再出价，如此进行无限次。因此，这是一个无限期完美信息博弈。

假定参与人 1 和参与人 2 的贴现因子分别为 δ_1 和 δ_2。如果博弈在 t 期结束，t 是参与人 i 的出价阶段，参与人 1 支付的贴现值为 $\pi_1 = \delta_1^{t-1} x_i$，参与人 2 支付的贴现值为 $\pi_2 = \delta_2^{t-1}(1 - x_i)$。因此，唯一的子博弈精炼纳什均衡结果是：

$$x^* = \frac{(1 - \delta_2)}{1 - \delta_1 \delta_2}$$

若 $\delta_1 = \delta_2$，$x^* = \dfrac{1}{1 + \delta}$

因此，博弈的均衡结果是参与人贴现因子的函数，贴现因子 δ 可以理解为参与人的耐心程度。

（二）非合作博弈理论在劳资合作中的运用[①]

第一，对称的"囚徒困境"模型在劳资合作中的运用。基于"囚徒困境"模型研究劳资关系，模型可以解释劳资双方冲突的博弈过程。劳方与资方双方博弈，他们有两个策略选择：要么合作，要么冲突。如图 2 - 3 所示。

博弈矩阵中的数字代表劳资双方各自的得益，它的值不仅受一方策略选择的影响，而且同时受另一方策略选择的影响。在这个矩阵中由于劳资双方缺乏有效沟通途径，因此是分别作出决策；同时博弈是对称的，即交换双方的位置，博弈矩阵中的数值是不会变化的。

[①]　注：笔者（2014，2015）具体分析了囚徒困境与非对称鹰鸽博弈在劳资关系分析中的作用。

劳方

		合作	冲突	
资 方	合 冲	5, 5	1, 6	作 突
		6, 1	3, 3	

图 2 - 3 劳资囚徒困境博弈

资方的策略：如果劳方选择合作策略，那么资方有两个策略选择，一是资方也选择合作策略，则劳资双方各自有 5 的得益；二是资方选择冲突策略有 6 的得益，此时劳方有 1 的得益。由于资方选择冲突策略的得益 6 比选择合作策略得益 1 要高，因此在劳方选合作时，资方会选择冲突。如果劳方选择冲突策略，资方仍然有两个策略选择，一是资方冲突有 3 的得益，二是资方合作有 1 的得益，由此，在劳方选择冲突策略时，资方仍然会选择冲突。最终，资方的最优选择是冲突策略。

劳方的策略：如果资方选择合作策略，那么劳方有两个策略选择，一是劳方也选择合作策略，则劳资双方各自有 5 的得益；二是劳方选择冲突策略有 6 的得益，此时资方有 1 的得益。由于劳方选择冲突策略的得益 6 比选择合作策略得益 1 要高，因此当资方选合作时，劳方会选择冲突。如果资方选择冲突策略，劳方仍然有两个策略选择，一是劳方冲突有 3 的得益，二是劳方合作有 1 的得益，由此，在资方选择冲突策略时，劳方仍然会选择冲突。最终，劳方的最优选择是冲突策略。

这样的结果是基于"雇主可以通过牺牲雇员的利益的手段获得好处，而雇员也可以以牺牲雇主的利益为代价来获得好处"的劳资冲突的认识上，从而雇主想方设法压低雇员工资来降低成本，而雇员也尽可能利用雇主难以实施完全监控而怠工偷懒。最终的纳什均衡是劳方低工资，资方低利润（各得3）[1]。

因徒困境博弈模型解释了劳资双方冲突的博弈过程。劳方与资方为了增加自己的收益常常不能实现双方利益整体的增进，也常常不能实现个人自身的最大利益，最终形成一个"双输"的结局[2]。劳资冲突的结果不但达不到股东利益最大化，而且还使企业低效。同时它给我们揭示了劳资双方存在着帕累托改进的可能，即从右下角到左上角的改进。解决因徒困境可以采用重复博弈，具体运用到劳资博弈分析，即由于劳资双方并非一次性博弈，因此劳资双方可以选择重复博弈增进合作。通过重复博弈达到"合作"的机制是劳资双方可以采取"退出的威胁"策略。但是，与理论相去甚远的现实却是，在资强劳弱的劳资关系中，由于劳资博弈力量的非对称，根本不适用于对称的"囚徒困境"博弈。因此，不仅劳方"退出的威胁"根本无法置信，通过重复博弈达到的合作结果也是低效的。

第二，非对称鹰鸽博弈在劳资关系研究中的运用。基于非对称鹰鸽博弈，构建一个"资强劳弱"状态下的劳资博弈。当劳资的谈判力不一样，那么劳资所争夺的目标价值也不一致，假设资方所争夺的目标是剩余的 V_1 份额，劳方所争夺的目标是剩余的 V_2 份额，并假设 $V_1 > V_2 > 0$，C 为冲突损失，矩阵左上角表示如果双方都采取冲突的策略，这时不存在劳资谈判机制，或者形式上的劳资谈判破裂，由于谈判力（对抗的力量）的悬殊，我们可以假定资方获胜的概率是3/4，劳方的获胜的概率是1/4，（为什么劳方会有获胜的概率？因为劳方可能用极端的方式来获取胜利。如果劳方的谈判力趋近于0的情况下，获胜的概率会更小，获胜的概率可以根据实际

---

① 罗宁：《中国转型期劳资关系冲突与合作研究》，博士学位论文，西南财经大学，2009年。

② 吕永霞、吕永成等：《浅析我国现阶段私营企业中的劳资关系》，《前沿》2005年第6期。

情况假设），因此资方的期望利益是 $3/4(V_1 - c)$ ，劳方的期望利益是 $1/4(V_2 - c)$ ；矩阵右下角表示如果双方采取合作的策略，这时存在形式上的劳资谈判，由于双方谈判力的悬殊，资方的期望利益是 $3/4V_1$ ，劳方的期望利益是 $1/4V_2$ ；矩阵右上角当资方采取冲突的策略，劳方采取合作的策略，这时不存在劳资谈判，资方所得利益为 $V_1 + \mu$ ， μ 为资方对劳方的利益侵占比如工资克扣，意味着资方不仅获得目标份额的剩余，还侵占了劳方用于补偿劳动力的价值；劳方没有得到剩余，因此值为 0 ；矩阵左下角当资方采取合作的策略，这时不存在劳资谈判，劳方采取冲突的策略，劳方获得消极怠工、小偷小摸所得到对资方的利益侵占 μ ，但没有获得剩余，由于劳方的隐形冲突导致效率低下、剩余下降，我们假设一种极端的情况，认为剩余有可能为 0 。

		劳 方	
		冲突	合作
资 方	冲突	$3/4(V_1\text{-}C)$, $1/4(V_2\text{-}C)$	$V_1 + \mu$, 0
	合作	0, μ	$3/4V_1$, $1/4V_2$

图 2 - 4　谈判力失衡的劳资谈判博弈

　　笔者（2014）基于非对称鹰鸽博弈分析了"资强劳弱"的劳资关系，并对模型进行了演化分析，结果发现"资强劳弱"的劳资博弈在极少数情况下能达到劳资合作状态，冲突是常态。并且，由于单个劳动者的博弈力量非常小，对资本不合作行为的报复行动是否能够真正实施成了不确定的因素，劳动者退出的威胁是不可置信的。因此，用重复博弈分析劳资合作的时候，弱小的劳动者与资方通过重复博弈来达成劳资合作是低效率的。

　　第三，轮流叫价模型在劳资合作中的运用。轮流叫价模型运用到劳资博弈分析中，正好可以体现劳资契约的动态性和长期性。假定参与人 1 是资方，参与人 2 是劳方，那块蛋糕是企业剩余分配，轮流叫价谈判模型就可以用来分析企业资方和劳方之间的博弈了，劳资双方对既定剩余的分配（即 x 值的确定）轮流出价。资方首先出价 x_1，$1 - x_1$ 为劳方的收益份额；劳方接受或者拒绝，如果接受，则博弈过程结束；反之，劳方出价 $1 - x_2$，x_2 则为资方的收益份额，资方选择接受或者拒绝，如果拒绝则一直这样继续下去，直到有一方接受另一方的出价[①]。资方与劳方的时间贴现率分别为 δ_1 和 δ_2，$0 \leq \delta_1$，$\delta_2 \leq 1$。根据轮流叫价谈判模型，在无限反复的讨价还价中，存在唯一的均衡，

$$x^* = \frac{(1 - \delta_2)}{1 - \delta_1 \delta_2}$$

资方的子博弈精炼均衡战略是在 $t = 1$，3，5 …… 时总是要求 $\frac{(1 - \delta_2)}{1 - \delta_1 \delta_2}$，$t = 2$，$4$，$6$ ……时接受任何大于或等于 $\delta_1 \frac{(1 - \delta_2)}{1 - \delta_1 \delta_2}$ 的份额；劳方的子博弈精炼均衡战略是 $t = 1$，3，5 ……时接受任何大于或等于 $\delta_2 \frac{(1 - \delta_2)}{1 - \delta_1 \delta_2}$ 的份额；$t = 2$，4，6 ……时，总是要求 $\frac{(1 - \delta_2)}{1 - \delta_1 \delta_2}$。

在上述模型中我们发现，贴现因子 δ 会影响劳资双方的策略，因此是一个会改变劳资双方潜在收益的重要因素，是一个对分配结果产生重要影响的因素。从直观上来理解，贴现因子 δ 代表的是每一阶段中交易失败的可能性。与达成交易相比，交易失败会带来损失，这种损失就技术性地反映在参数 δ 中了。因此，贴现因子为双方的耐心程度，对方对自己的"威慑"是由自己的耐心不足带来的。为什么会耐心不足？因为随着期间的不断增加，参与者谈判成本增加的幅度不同。谈判成本增幅大的一方希望尽快结束谈判；相

反，谈判成本增幅小的一方可以继续谈判，所以贴现因子 δ 也反映了劳资双方谈判力的大小。因此，在资强劳弱的劳资关系中，由于劳资谈判力悬殊，劳动者无法承受随着期间延长而增加的成本，劳资轮流叫价根本达不到劳资合作要求的分配标准。

第三，非合作博弈运用到市场中的合作行为。莫林（1995）运用博弈论，以严谨的论证确立了市场经济体系中人类合作行为的可能性，市场机制也是促进劳资合作的一种机制，但其存在多重均衡结构。其给微观经济学建立了合作的基础，完善了以"竞争"为传统的微观经济的另一面①。

二　合作博弈理论对合作的研究

（一）合作博弈模型

1944 年以冯·诺依曼和摩根斯特恩合著的《博弈论与经济行为》标志着合作博弈理论的诞生，纳什（1950）的谈判博弈和夏普利（1953）的突破性夏普利值以及阿罗（1963）的不可能定理，为经济学提供了可供研究的工具。非合作博弈谈判模型讨论了两人谈判问题，如果把纳什谈判解推广到多人谈判时，会发现其完全忽视了参与者之间合作的可能性，所以纳什谈判解并未被广泛地应用于多人谈判的分析中。N 人博弈的事情远比两人博弈复杂，研究两个以上参与人的谈判必须包含联盟分析的理论②。

非合作博弈中的纳什谈判模型研究了 2 人谈判过程，并用纳什积的方法研究了合作收益的分配问题。不过，当 $n > 2$ 时，如果用一个纳什谈判来解决 n 人讨价还价问题，那么就存在局限性。因为

① ［美］莫林：《合作的微观经济学：一种博弈论的阐释》，童乙伦、梁碧译，格致出版社 2012 年版，序言。

② ［美］罗杰·B. 迈尔森：《博弈论矛盾冲突分析》，于寅、费剑平译，中国经济出版社 2001 年版，第 417 页。

n 人纳什还价解完全忽视了参与者之间的合作可能性，所以其并未被广泛地应用于 n 人合作问题的分析。研究两个以上参与人的博弈的一般理论，必须包含一个合作博弈联盟分析理论（迈尔森，2001）。但现阶段用"合作博弈"方法来进行合作的研究还处于零散的状态。

从合作博弈联盟理论角度，所有人组成的联盟为大联盟 N，但每位参与人都能够按照自己的利益与其他部分的参与人组成一个小联盟。如果把大联盟 N 分为 m 个不相交的小联盟，这 m 个小联盟中的得益总和绝不会大于大联盟的得益，这就是联盟的超可加性。企业或者是整个社会的合作预期收益大于单个要素之和，具有超可加性，如果不具有超可加性，企业或者社会就不会存在。因此，一个企业或者社会的要素合作形式，可以抽象为一个合作博弈的联盟模型。劳资双方是具有联盟结构的博弈 (N, M, V)，其中 $N = \{1, 2, \cdots, n\}$ 表示 n 个参与人集合。$M = \{S_1, S_2, \cdots\cdots S_n\}$ 表示由 n 个参与人形成的不同联盟结构，S_i 为联盟。V 表示 N 上的支付函数。企业或者社会中每个成员相当于合作博弈中的个体参与人，由个体成员参与的各种组织可以看作为"合作博弈中的小联盟"，而整个企业或者社会相当于由各个联盟构成的一种联盟结构形式[①]。

哪些联盟结构是稳定的呢？合作博弈指出合理的联盟结构所带来的分配不仅可以满足整体理性，还可以满足个体理性，即可以达到企业组织平衡并保持稳定良好的运作状态；相反不合理的联盟结构，容易打破企业组织平衡使企业陷入困境。合作博弈理论中夏普利值和 Owen 值指出不同的结构下的分配。

从合作博弈论角度，一个企业的要素合作形式，可以抽象为一

---

① 李书金、张强、任志波：《合作博弈与企业组织管理》，《商业研究》2006 年第 17 期。

个合作博弈的模型。一个基于联盟结构的企业是一个三元组（N，M，V），一个 n 人参与的企业，理论上可以形成 $2^n - 1$ 个联盟，而基于这 $2^n - 1$ 个联盟又可以形成许多不同形式的"联盟结构"划分。企业中每个成员相当于合作博弈中的个体参与人，由个体成员参与的各种组织可以看作为合作博弈中的"联盟结构"，而整个企业相当于由各个联盟构成的一种联盟结构形式[1]。在合作博弈中，夏普利值和 Owen 值是其重要的解法。

第一，夏普利值：考虑平均边际贡献值。

$$\phi_i[i] = \sum_{s \subseteq N} \gamma_n(S)[\nu(S) - \nu(S - \{i\}], \forall i \in N$$

其中

$$\gamma_n(S) = \frac{(|S| - 1)!(n - |S|)!}{n!}$$

在 n 人博弈中，假定每位企业参与者都是随机进入博弈，那么企业成员便共有 $n!$ 种不同的进入博弈的方法。根据夏普利的设定，如果企业参与者 $i \in N$ 和在他进入博弈前已经到达的所有企业参与者组成联盟 S，那么在他到达以后才进入博弈的其他参与者则会组成另一个联盟 $N \setminus S$。由于联盟 S 在参与者 i 未加入前共有 $|S - \{i\}|!$ 种组成方法，而组成联盟 $N \setminus S$ 的 $|N - S|$ 位参与者则有 $|N - S|!$ 种组成方法，只要假定每种方法同样可能，那么，$\gamma_n(S)$ 便是一个有关一位参与者加入联盟 S 的特定概率，是加权因子；$[v(s) - v(s - \{i\})]$ 可以理解为参与者 $i \in N$ 对联盟 S 的边际贡献。如此，夏普利值便可理解为每位企业成员在博弈中的每个可能联盟的平均边际贡献值（average marginal contribution），其反驳了只根据个体为最终合作群体所贡献的边际收益的按要素分配方

---

[1] 李书金、张强、任志波：《合作博弈与企业组织管理》，《商业研究》2006 年第 9 期。

式[1]。因此正确评估利益主体在不同联盟的作用以及它与系统 S 外结盟可能性很重要。

第二，Owen 值：联盟结构对权重的影响。

夏普利值已经明确了 N 人博弈中的联盟会影响谈判结果，但在联盟形成中其假定所有参与人都有充分参与小联盟的可能性，即不存在阻碍参与人加入联盟的因素；并且夏普利值没有考虑到参与人之间可能存在谈判力的差异、参与人耐心不同（从而对于未来收入的贴现率有差异）、参与人加入联盟的可能性以及联盟结构等因素造成的不对称等等。夏普利值的缺陷之一是假定联盟内所有参与人都有充分参与每个联盟的可能性，然而现实中存在诸如交易成本高或者联盟形成需要条件等原因，导致参与人无法参与联盟的情况。例如，在 $2^n - 1$ 个子集中，有些小联盟根本就不会形成，如股东与员工根本不会形成一个小联盟，即这个子集根本不存在。还有一些情况，由于小联盟对每个参与人所带来的利益不同，如果没有促成联盟形成的机制，一些参与人可能对参加小联盟缺乏兴趣，如管理层和员工的联盟。除此之外，还要关注联盟形成的条件，比如员工要形成工会联盟是有条件的，股东可能反对工会的联盟或阻止管理层与工会结成联盟，并制造其不能结盟的条件。

Owen 值弥补了这一缺陷，把联盟结构考虑进去。Owen 值把全体参与者的一个结构划分称为一个联盟结构，联盟结构影响分配。基于联盟结构的收益分配问题包括两个层次，一是收益在各联盟间进行分配，二是收益在联盟内部参与人之间进行分配。Hart、Kurz（1983）指出，Owen 值提高了联盟与其他联盟相比在分配大联盟总得益时的谈判力[2]。因此，Owen 值指出形成小联盟的目的是提高小

---

① ［加］杨荣基、［俄］彼得罗相、李颂志：《动态合作——尖端博弈论》，中国市场出版社 2007 年版，第 61 页。

② 许清清、常璟、孙继国：《劳资谈判力的解释：一种基于非合作与合作博弈的分析框架》，《山东大学学报》（哲学社会科学版）2016 年第 4 期。

联盟比其他小联盟在分配总收益时的"议价"能力。劳资会形成不同的联盟结构是为了不同的分配结果。

因此根据合作博弈思想，企业中的全体成员为合作博弈的参与人，由于企业成员组成的不同联盟结构，不同的联盟结构会带来不同的分配，所以企业的分配问题就成为具有联盟结构的分配问题。如果跳出企业内部，把社会上的人看成是合作博弈中的参与人，那么这些人也会组成不同的联盟，如多工会结构，或者中间组织与工会结盟，或者游离在这些联盟之外的人对联盟形成的压力，那么整个社会的分配也可以看成是具有联盟结构的分配问题。劳动力的规模、结构和整个劳动力外部机会的分布以及雇主的构成在劳资联盟中发挥显著的作用，这些都是影响劳资关系空间结构的因素。

第三，谈判集。在一个 n 人博弈中，一个联盟结构就是集合 N 的一个分隔物或一个不相交的子集 $\{T_1, T_2, \cdots, T_N\}$，也就是说，联盟的结构代表博弈中有关联盟的组成情况。比如说，$N=4$，而 $\{\{1, 2\}, \{3, 4\}\}$，那么就表示博弈里共组成了两个联盟 $\{1, 2\}, \{3, 4\}$，谈判集明确地提出了联盟结构的概念，我们用 $X(\ )$ 表示在固定的联盟结构下的分配，这个分配不但符合博弈中的每个已组成的联盟的"理性"，而且符合每位参与者的个体理性[①]。假设所有的参与人可以进行"谈判"，通过充分的交流，并基于他们所拥有的"威胁"（threat）和"反击"（counter threat）达成一个"稳定"分配结果。所有这些稳定结果的集合，我们称之为谈判集（bargaining set），如果采取现行的分配是属于谈判集的，那么任何参与者对另一参与者的异议，都会遭受另一参与者的反异议。故此，谈判集的内部分配都不会因某一位参与者的异议而不能采用。

在磋商阶段，联盟形成之前，每个参与人都会尽力使他的合

---

① ［加］杨荣基、［俄］彼得罗相、李颂志：《动态合作——尖端博弈论》，中国市场出版社 2007 年版，第 70 页。

伙人相信他在某种程度上是强者。他会以各种方式实现，其中重要的因素是他有能力证明自己拥有其他的或更好的选择。他的合伙人，除了指出他们自己的选择，还会反复争论，即使没有他的帮助，他们也可以保持自己的计划利益份额。这样，磋商阶段通常表现为"威胁"和"反击"或者"抗议"（objections）和"反抗议"（counter objections）的形式。

根据奥斯本（M. J. Osborne）与鲁本施泰恩（A. Rubinstein）（1944）的说法，异议和反异议可以理解为属于同一个联盟的两位参与者为了争取更大利益的互相威吓或外交谈判，其中 k 对 l 的异议可以理解为 l 对 k 的威吓："我，k，在分配 x 的所得太少，而你，l，却获得太多，故此，我将组成不包含你的联盟 S，在这个联盟 S 当中，每个成员都分得比现在多。"而 l 对 k 的反异议则可以理解为 l 对 k 的威吓的反威吓："你，k，的威吓是空洞的，因为我，l，可以组成不包含你的联盟 R，在这个联盟 R 当中，每个成员都比现在所分的多，而当中有参与你威吓要组成的联盟 S 的成员的所得，亦不会少于在 S 中的所得。"[①]

谈判集依赖联盟结构，博弈的谈判集会根据联盟结构的改变而改变。J. 奥曼、迈克尔·马施勒具体讨论了 2、3、4 人博弈的谈判集，其中一些联盟是不被允许的时候的解。如 4 人博弈中，只允许 1 人和 3 人组成联盟的情况，他分析了联盟结构不同，将会导致不同的分配。与求解夏普利值过程不同的是，夏普利值不存在不可形成的联盟，联盟的形成是自由的。而奥曼的分析认为："如果一个联盟中的某些成员能够组建其他的可允许的联盟而获得更多利益，那么这个联盟将永远不能形成。"[②] 同时谈判集

① ［加］杨荣基、［俄］彼得罗相、李颂志：《动态合作——尖端博弈论》，中国市场出版社 2007 年版，第 71 页。
② ［美］哈罗德·W. 库恩：《博弈论经典》，韩松等译，中国人民大学出版社 2004 年版，第 150 页。

还体现了各参与人通过谈判达成协议结为联盟的过程[①]。

第四，动态合作博弈模型。在静态博弈论中，没有考虑博弈的状态随时间的变化，以及谈判力的变化对博弈的影响，杨荣基、彼得罗相、李颂志（2007）在分析两人（多人）动态合作博弈时，引入了状态变量与随时间变化的贴现率，让分配不再局限于静态。博弈的状态的进展变化取决于以下动态系统，又称状态动态。

$$\dot{x}(s) = f[s, x(s), u_1(s), u_2(s)], \quad x(t_0) = x_0$$

$x(s)$ 是博弈的状态变量，状态可以是待分配的剩余。联盟的结构状态取决于动态系统。状态在时点 s 的进展 $\dot{x}(s)$ 取决于在每一个时间点 $s \in [t_0, T]$ 的状态 $x(s)$ 以及参与人 $i \in \{1,2\}$ 的控制变量 $u_i(s)$，在静态博弈中称为策略，动态博弈中称为控制。参与人在每一个时点会获得他的瞬时支付（报酬）$g_i[s, x(s), u_1(s), u_2(s)]$，在博弈的结束时间点 T，他会获得终点支付 $q^i(x(T))$，参与者在不同时间点所获得的支付需要进行相应的贴现才能比较。给定一个随着时间转变的贴现率 $r(s)$，对于 $s \in [t_0, T]$，每位参与者在时间点 t_0 后的时点 t 的所获，都要根据贴现因子 $\exp\left[-\int_{t_0}^{t} r(y)\, dy\right]$ 进行贴现。在时间点 t_0 时，参与者 $i \in \{1,2\}$ 的支付函数的现值为

$$\int_{t_0}^{T} g^i[s, x(s), u_1(s), u_2(s)] \exp\left[-\int_{t_0}^{s} r(y)\, dy\right] ds$$

$$\exp\left[-\int_{t_0}^{T} r(y)\, dy\right] q^i(x(T))$$

其中 $g^i(\cdot) \geq 0$，$q^i(\cdot) \geq 0$，三位学者给出了动态博弈的夏普利值。本书在这里不再赘述，我们从动态合作博弈的思想中可以学习到，劳资可供分配的剩余，联盟的结构也就是博弈的状态是一个随时间变化发生变化的量，而且受双方的策略影响。双方的"耐

心"因素即谈判力也不是一成不变的，也是随着时间变化而变化的[①]。

（二）合作博弈模型在劳资合作中的运用

对于合作博弈中"联盟结构"思想，夏普利（1997）研究了不同的制度结构下的工会成员工资问题，当所有工人通过一个单一的工会（双边垄断）进行谈判，他们的总回报高于他们单独的谈判所得[②]。这与传统的新古典经济学在解释工会与资方双边垄断模型的结论相似。但合作博弈还认为劳动力的规模、结构和整个劳动力外部机会的分布以及雇主的构成都对参与者夏普利值产生影响，而这些都是传统新古典经济学模型所不能解释的。因此，"合作博弈联盟"的思想为劳资关系研究提供了更为广阔的空间。

合作博弈理论的解纷繁多样，没有统一，这可能也是合作博弈神似而形散的原因。本书在这里并不是需要求出劳资谈判的解，我们只是从合作博弈理论学习谈判中联盟的重要性，即联盟结构影响分配，促成联盟形成的条件直接影响联盟的结构从而影响分配。我们需要解决的问题是：每个联盟形成需要什么样的条件？在众多的联盟结构中，一个非常关键的问题是哪一种联盟结构是最可取的呢？合理的联盟结构所带来的分配不仅可以满足整体理性也可以满足个体理性，可以达到企业组织平衡并保持稳定良好的运作状态；相反不合理的联盟结构，容易打破企业组织平衡使企业陷入困境。本书把这种思想运用到劳资关系研究中。

例如，在一个有 100 人的社会，参与人集为 $N = \{1, 2, 3 \cdots\cdots$

① ［加］杨荣基、［俄］彼得罗相、李颂志：《动态合作——尖端博弈论》，中国市场出版社 2007 年版，第 123 页。

② Anat Levy, Lloyd S. Shapley. , "Individual and Collective Wage bargaining", *International Economic Review*, 1997, 38（4）：969 – 991.

100}，1 到 10 是 10 家企业的股东，11 到 100 都是分别属于这 10 家企业的员工，那么首先员工会不会加入企业工会，有一个工会覆盖率的问题；其次，员工要加入工会联盟是有条件的，股东可能反对工会的联盟，反对管理层与工会结成联盟，并制造其不能结盟的条件；最后，员工选择进入不同的工会，工会之间产生竞争，竞争会造成工人力量的分散，由于工会与工会之间能否形成一个大联盟仍存疑问，那么就产生了究竟是单个企业与工会展开谈判，还是行业级别的企业联盟与行业级别的工会展开谈判，或者是全国性的企业联盟与总工会展开谈判的问题。这个问题取决于工会联盟的吸引力与政府是否为联盟的形成创造条件。工会的参与率表明了员工的结盟状态。资方可能会鼓励多个工会之间的竞争来削弱员工的结盟。集体谈判的合同覆盖到非工会人员，也有可能鼓励员工不参加工会，削弱员工的结盟。因此，促成某些联盟形成的制度条件，由此来改变劳资关系结构，是政府应该重点研究的领域。

如果从更复杂的动态的角度分析，利益冲突的存在，使得战略联盟随着时间的变化而变化。在动态博弈过程中，为了自身的利益最大化，博弈的参与人会参与不同的联盟，旧的联盟由于参与者的退出发生解体、规模缩小等变化，退出的参与人也可能组成新的联盟。因此如何来描述联盟结构随时间发生变化的动态过程，是静态合作博弈理论无法解决的问题，也是目前合作博弈理论发展的重点和难点。杨荣基、彼得罗相、李颂志（2007）用动态联盟博弈中将参与人在不同时间的策略选择归结为在时间序列集上的有序选择。因此参与人在什么时点选择参与联盟，什么时点不参与联盟对参与人最有利，是非常关键的[①]。

[①] 动态联盟博弈理论研究是 n 人合作博弈理论研究的一个重要方向，同时又是一个重点和难点问题。主要从不同的角度论述联盟形成的条件；联盟结构是如何变化的；局中人如何分配联盟的收益；局中人最后可能形成哪一种联盟结构以及分配结果等。

"合作博弈"在劳资关系研究中的具体运用始于 20 世纪 90 年代。部分学者从"合作博弈"的视角，研究市场经济社会中人们的交易、分配、组织设立和变迁。青木昌彦（1994）从合作博弈论角度出发，将企业看作股东和雇员所有者形成的联盟，共同构成企业的特质性资源。通过谈判分享由企业特质性资源产生的组织，从而达到一种组织均衡。企业是否能形成合作博弈关系很重要的一个原因在于企业是否具有特质性资源①。只有与作为一系列相互联系的纽结的法人企业形成稳定联系，企业特质性资源才能体现出生产力②。用"合作博弈"的方法来进行组织的研究在我国还处于零散的状态，从合作博弈的角度进行劳资关系的研究更是稀少。

三　演化博弈理论对合作的研究

在经典的非合作博弈的框架下，无限次重复博弈可以导致合作的实现。但是在现实中，重复博弈不可能无限次。那么在有限次重复博弈中，利用逆向递推法，合作也难以实现。然而，现实社会却普遍存在合作现象，这说明现实中的个体并没有遵从非合作博弈中的行为假设。事实上，当个体选择某个策略的结果不仅依赖于自己的策略选择，而且依赖于其他人的策略选择时，最终情形要比完全理性下博弈所预测的行为复杂得多③。于是，要解释现实社会自私群体中自发产生的合作现象，需要研究大量博弈个体所组成的群体

---

① 企业特质性资源包括：（1）公司制度使得股东集团具有较高的风险承担能力；（2）雇员愿意相互合作，以及雇主在不确定环境下有效地调整并一生产的能力；（3）雇员在工作中形成了特定的技能，以及雇主有效地促进和利用这些技能的能力；股东大规模地集中资金，以及管理者在企业内部有效地配置这些资金的能力；（4）基层雇员团队形成的集体技能，以及雇主有效地促进和利用集体技能的能力。

② ［日］青木昌彦：《企业的合作博弈理论》，郑江淮等译，中国人民大学出版社 2005 年版，第 65—101 页。

③ Conlisk J, "Why bounded rationality?", *Journal of economic literature*, 1996, 34 (2): 669 – 700.

演化行为。演化博弈理论不仅打破了完全理性的假设，还不要求个体之间交互信息的完全性，并且与传统的博弈分析方法相比，能反映个体的策略学习的过程，为研究整个种群的行为演化奠定了基础。因此，演化博弈论以群体为对象，在有限理性条件下分析包含参与人的学习和策略调整过程的全新的动态的博弈。

1973 年，John Maynard Smith 和 George Price 首次提出演化博弈中最核心的概念——演化稳定策略（ESS，Evolutionary Stable Strategy）。ESS 是指如果占群体绝大多数的个体选择了此策略，那么对于任意小的采用其他策略的突变群体就不能侵入到这个群体。解决社会困境问题就是要寻求相应的机制使得合作型策略成为系统的演化稳定策略[①]。1978 年，生态学家 Taylor 和 Jonker 提出了复制动力学（Replicator dynamics）。复制动力学描述是一种无突变的动态选择过程，也是目前在演化博弈的框架下分析合作演化的最常用的方法之一。

虽然演化博弈使博弈动态化，但其基于混合均匀的种群，在理论上可以理解为个体和群体内所有其他个体都能相互作用，这与实际情况相差甚远。实际上，博弈不会在群体内所有人中发生，博弈一般会在位置相近的节点发生，因此必须在演化博弈引入空间的概念以贴近现实。有了空间的概念，博弈就被放到了空间中进行演化，博弈个体先与周围邻近的个体发生相互作用，随着时间的推移，个体逐渐扩大交互的范围。因此，用复杂网络做空间来研究主体之间的博弈演化为新的研究动向。

---

① 全吉、周亚文、王先甲：《社会困境博弈中群体合作行为演化研究综述》，《复杂系统与复杂性科学》2020 年第 1 期，第 1—14 页。

第四节　复杂网络理论对合作问题的研究

网络的节点代表个体，节点之间的连边表示个体间的相互作用关系。在理论上，节点以及连边可以抽象为具有一定拓扑结构的网络。复杂网络上的合作演化研究大致可分为以下两类：第一，网络结构演化对合作的影响，即比较相同的博弈规则在不同网络结构中对合作行为影响的差别。究其原因，是由于网络结构影响了博弈规则发挥作用。第二，共演化对合作的影响，即个体策略同底层交互网络拓扑结构协同演化，主要表现为"节点属性""长程边""断边重连"与"节点迁移"机制对网络结构的改变，从而影响合作。

一　网络拓扑结构对合作的影响

在一定的演化阶段中，当合作具有一定的空间结构时，网络拓扑结构（包含度分布、聚类系数、最短路径）对合作演化会产生较大的影响。经典的网络结构主要包括随机网络、规则网络、无标度、小世界网络。不同的网络因具有不同的拓扑结构，而拥有不同的网络特性。下面我们简单认识一下这几种网络的特性，其中 L 代表平均路径长度，C 代表聚类系数，N 代表节点的个数，p 表示节点连接概率。

（一）ER 随机网络[①]

ER 随机网络中两个节点之间不论是否具有共同的邻居节点，其连接概率均为 p，网络中的节点、连边均带有一定程度上的不确定性，组成网络的各项活动也可以是随机的，按一定的概率发生或

---

① 汪小帆、李翔、陈关荣：《网络科学导论》，高等教育出版社 2012 年版。

不发生。节点度分布满足泊松分布，$\langle k \rangle$ 为平均度。

ER 随机网络的平均路径长度：

$$L \sim \ln N / \ln < k >$$

在 *ER* 随机网络上随机选取的一个点，网络中大约有 $< k >^L$ 个其他的点与该点之间的距离等于或非常接近 L。因此，$N \sim < k >^L$，即 $L \sim \ln N / \ln < k >$。因为 $\ln N$ 的值随 N 增长得很慢，这就使得即使规模很大的网络也可以具有很小的平均路径长度。ER 随机网络具有相变或涌现性质，即许多重要的性质都是突然涌现的。

ER 随机图的聚类系数：

$$C = p = < k > / N \ll 1$$

这意味着大规模的稀疏 *ER* 随机图没有聚类特性。

（二）星状网络[1]

星状网络是一种规则网络。星状网络模型有一个中心点，其余的 $N - 1$ 个点都只与这个中心点连接，而它们彼此之间不连接。星状网络模型同时具有稀疏性、聚类性等特性。

星状网络的平均路径长度为：

$$L = 2 - \frac{2(N - 1)}{N(N - 1)} \to 2 \quad (N \to \infty)$$

星状网络的聚类系数：

$$C = \frac{N - 1}{N} \to 1 \quad (N \to \infty)$$

（三）*BA* 无标度网络[2]

BA 无标度网络节点度没有明显的特征长度，故称为无标度网

---

[1]　汪小帆、李翔、陈关荣：《网络科学导论》，高等教育出版社 2012 年版。
[2]　汪小帆、李翔、陈关荣：《网络科学导论》，高等教育出版社 2012 年版。

络。其节点连接具有优先连接特性，即新的节点更倾向于与那些具有较高连接度的"大"节点相连接。这种现象也被称为"富者更富"或"马太效应"。节点度分布满足幂律分布。

BA 标度网络的平均路径长度为：

$$L \sim \frac{\log N}{\log\log N}$$

BA 无标度网络的聚类系数为：

$$C \sim \frac{(\ln N)^2}{N}$$

这表明 BA 无标度网络与 ER 随机网络相似，当网络规模充分大时 BA 无标度网络不具有明显的聚类特征。

（四）WS 小世界网络[①]

WS 小世界网络的构造是通过在规则图基础上，随机化重连构造的。随机化重连规则是以概率 p 随机地重新连接网络中的每个边，即将边的一个端点保持不变，而另一个端点取为网络中随机选择的一个节点，其中规定任意两个不同的节点之间至多只能有一条边，并且每一个节点都不能有边与自身相连。WS 小世界网络是具有较短的平均路径长度又具有较高聚类系数的网络，其节点度分布都近似相等的均匀网络。

WS 小世界网络的聚类系数为：

$$C = \frac{3(K-2)}{4(K-1)}(1-p)^3$$

迄今为止，人们还没有关于 WS 小世界模型的平均路径长度 L 的精确解析表达式，不过，利用重正化群的方法可以得到如下公式：

---

① 汪小帆、李翔、陈关荣：《网络科学导论》，高等教育出版社2012年版。

$$L = \frac{2N}{K}f\left(\frac{NKp}{2}\right)$$

其中 $f(u)$ 为一普适标度函数且满足

$$f(u) = \begin{cases} constant & u \ll 1 \\ (\ln u)/u & u \gg 1 \end{cases}$$

（五）全局耦合网络[1]

全局耦合网络是一种规则网络。在一个全局耦合网络中，任意两个点之间都有边直接相连，因此也叫全联通网络。全局耦合网络具有最小的平均路径长度 $L = 1$ 和最大的聚类系数 $C = 1$。一个有 N 个节点的全局耦合网络有 $N(N-1)/2$ 条连边。只有在网络信息极度发达的时代，才有可能为实现任意两点间都有直接连接提供技术保障。

综上所述，星形网络模型中心节点具有关键的作用，由于其他各节点之间没有连接，如果失去中心节点，这个网络就会瘫痪，并且网络具有稀疏性、高聚类等特性。随机网络具有较小的平均路径长度却没有高聚集系数。无标度网络拥有较高的聚集程度和平均最短路径，其节点度分布为幂律分布。小世界网络同时拥有较高的聚集程度和较低的平均路径，度分布类似于随机网络。全局耦合网络具有最小的平均路径长度与最大的聚集程度。关于网络结构对博弈所起作用，学界已经有充分的研究，可以参见本书第一章第二节"基于复杂网络理论对合作问题的研究"，但这些研究多集中在自然科学，本书将在第三章第四节具体结合劳资博弈进行分析。

二 共演化对合作的影响

复杂网络演化是指网络的节点和连边随时间的新生、消亡和演

---

[1] 汪小帆、李翔、陈关荣：《网络科学导论》，高等教育出版社 2012 年版。

化，从而使网络结构形成、更新、变化、布局的过程。网络中节点之间的相互行为，如连边的添加、消亡、移去、限制等，以及边的重连等各种精细的变化形成了网络结构的演化。因此，为了剖析复杂网络上合作行为的演化，我们首先要考虑网络拓扑结构是怎样发生变化的。学者一方面建立复杂网络的模型，分析网络的聚类性质、度分布性质等统计特征，探索实际网络的结构特征；另一方面根据网络结构特性（如节点的增长，连边的偏好性等）或动力学特征（如节点动力学的同步特性等），试图建立能够描述现实问题的动态网络模型，识别影响网络拓扑结构的因素，了解网络的动态变化过程，以揭示网络演化的动力学机制，从而最终实现对网络的预测与控制。

为了探究劳资关系网络结构对劳资合作的影响，需要首先研究劳资网络空间结构是如何布局的，因此需要探究"长程边""断边重连"机制与"节点迁移"怎样使劳资网络结构发生演化。

"节点属性"对合作影响的机理。在真实世界中，节点属性的异质性与不对称性现象随处可见。社会主体在社会网络中扮演着不同的角色，其角色属性主要取决于其地位、财富、名望，或者其他用于刻画社会主体价值的元素。节点属性会影响策略选择的偏好，同时个体策略的调整还与个体获取信息的能力、学习能力相关，因此节点属性直接影响主体对合作与背板的策略选择偏好。除此之外，价值观和个性是主体能否获得网络中的中心位置的关键因素。中心节点的出现能改变网络的拓扑结构，从而对合作产生影响。

"长程边"对合作影响的机理。网络中长程边的比例增加会促进合作，其机理在于长程边的引入增加了网络的异质性从而利于群体中合作的产生。但是长程边对合作的涌现有着复杂的效应。例如，小世界网络中的长程连接会导致合作的突然崩溃，再慢慢恢复到稳定状态，即所谓合作的断续平衡的现象①。网络中的长程连接数对合作的恢复有着非单调的影响作用（Kim，2002）。

"断边重连"对合作影响的机理。根据节点的策略的属性，可以将节点之间的连边分为：DD 边，即连接两个背叛者边；CD 边，即连接合作者与背叛者的边；CC 边，即连接两个合作者的边。在演化过程中，如果受欢迎的连边，即 CC 边能够被保留；而不受欢迎的连边，即 CD 边能够被快速容易地断开的话，那么相较于静态网络，动态网络更能促进合作演化。断边重连机制能够促进合作的原因是合作者与背叛者之间连边断开的概率越大，合作演化越容易②。节点依据自身实际收益与期望收益间的关系，通过断边重连，实现对网络拓扑结构的调整。与背叛者的断边，常常使背叛者在演化中处于不利的地位，从而使背叛行为最终得到抑制。

"节点迁移"对合作影响的机理。由于节点知道邻居节点的收益信息，并且节点具有探测和搜寻一定空间范围内最具潜力的空节点的能力，因此在博弈交互阶段，任一节点与其所有邻居进行博弈，能通过学习邻居里收益最高的个体的策略来更新自己的策略。当节点在迁徙时，若常常将富有的环境作为目的地，能够极大地促进合作，而且能够诱导合作的爆发现象。诱导合作爆发的原因是基于节点的迁徙，即一个合作者如果在博弈中碰到了一个背叛者，参考历史收益，那么合作者将会通过迁移方式逃离背叛者，逃离当前的节点位置，选择新的迁移目的地，寻找新的交互对象，从而促进了合作。

---

① 杨阳、荣智海、李翔：《复杂网络演化博弈理论研究综述》，《复杂系统与复杂性科学》2008 年第 4 期。

② Wu B, Zhou D, Fu F, et al. , "Evolution of Cooperation on Stochastic Dynamical Networks", *Plos One*, 2013, 5（6）: e11187.

第三章

劳资关系的演化规律与路径

科学地把握劳资关系演化的一般规律是分析中国特色劳资关系演化路径与机制的基础。从现有研究来看，部分学者对这一问题进行了探讨，然而相关理论框架并不完善，难以对我国劳资关系演化规律作清晰的揭示。本章基于马克思劳资关系理论，并运用博弈方法来分析劳资关系的演化规律、路径与机制。

第一节　劳资合作的定义与模式

一　劳资合作的定义

合作是人类的一种基本存在方式，同时也是社会进步和经济发展的根本条件。关于合作的定义，传统经济学意义上的合作意味着利己主义者之间的互助行为，典型的例子就是卢梭的"狩猎"逻辑。通过相互协调各自的狩猎行为，两个猎人的合作回报大于两人单独狩猎的总和，即每一个猎人都能从合作中得到一个收益增值，从而合作是能够协调和预期的。合作可以从个体自利行为的理性选择逻辑中得到解释，而不需要利他主义的考虑[1]。

---

[1]　[美]何维·莫林：《合作的微观经济学——一种博弈论的阐释》，童乙伦、梁碧译，格致出版社 2011 年版，第 1 页。

黄少安、韦倩（2011）研究了合作经济学与合作博弈思想，发现学界对"合作"的定义基本上沿着两条不同的主线在进行。一条主线是基于"行为性"来进行定义的。这些定义基本上都把合作看作是一种有意识的或刻意的协作行为。在这类定义中，一种行为要成为合作，必须满足两个条件：一是必须是一种刻意的行为，如果是偶然的或巧合的，不能称为合作；二是主体之间必须有协作，即一个经济主体的行为必须要受到其他经济主体的影响。另一条主线是基于行为的"经济性"来进行定义的。这类定义来源于把分析重点放在行为经济性后果上的博弈论传统，而看轻对行为本身的分析，它认为合作是一种共同行动，并且这种共同行动可以给各经济主体带来利益，即这种利益是相互的利益。这类定义并不一定要求合作必须是刻意的。这两种定义并没有优劣之分，关键在于选择什么样的研究目的和分析对象①。

张利萍（2010）从系统学角度，尝试性地探索现阶段我国私营企业中劳资合作的可行性，并给出劳资合作的定义。劳资合作是一个动态的概念，表示由"初始合作"向"目标合作"转变的过程。"初始合作"，属于"合作"含义的例外，是合作主体中一方施加强迫和另一方无奈顺从的情形。"目标合作"，是合作双方在外力作用下，合作各方的内因发生变化，形成理想的合作形态②。

张衔（2015）认为合作包含两类，一类是基于自利原则，权衡成本—收益的"策略性合作"，另一类为超越"经济人理性"的亲社会型的"非策略性合作"，其既不存在参与人对合作行为的成本与收益进行自利权衡的决策过程，也不存在参与人之间基于自利所

---

① 黄少安、韦倩：《合作行为与合作经济学：一个理论分析框架》，《经济理论与管理》2011 年第 2 期。

② 张利萍：《系统论视域下私营企业劳资合作的内部动因分析》，《当代世界与社会主义》2010 年第 3 期。

进行的博弈过程①。

本书认为劳资合作是指劳资双方为了获得各方的利益帕累托改进，而自觉遵守劳资相关的法律、制度和谈判协议，从而在生产上实现合作效率②。劳资"合作"是我国建立和谐劳动关系的基本前提。我们要注意劳资合作与劳资"结合"相区别，劳资结合有可能只是马克思笔下描述的劳动者迫于资方的压迫而无奈顺从地加入企业。然而，劳资为什么会合作？"劳资双方利益的帕累托改进"是双方能够产生合作的基本动因。劳资双方利益的帕累托改进是指在至少不降低劳资双方各自利益前提下的双方整体利益的增进。每一次行动都是为了增进自身利益这个目的。通俗而言，就是"为己利他"，就是利己不损人。为什么能增进自身的利益？原因在于劳资合作存在着帕累托改进。吕景春（2009）把劳资合作利益的帕累托改进用图说明。

"图中横轴表示劳方（L）的收益，纵轴表示资方（K）的收益。lk 是现行市场条件或制度条件下企业的收益可能性边界；OE 表示平均收益线；S 为现状收益空间分布点，由 S 点到直角扇形 SGF 中的任何一点均为劳资双方收益的帕累托改进轨迹。如从 S 到 M，它表示资方（K）收益增加得多，劳方（L）收益增加得少，轨迹逐渐远离平均收益线 OE，说明劳资双方收益的差距在逐渐扩大，但仍然是在不降低任何一方收益前提下的劳资双方收益的改进，所以仍是帕累托改进；又如从 S 到 N，它表示劳方（L）收益增加得多，资方（K）收益增加得少。轨迹逐渐接近平均收益线，说明劳资双方的收益差距在逐渐缩小，当然也是帕累托改进。这种

---

① 张衔、魏中许：《如何破解人类合作之谜——与黄少安教授商榷》，《中国社会科学》2016 年第 8 期。

② 注：本书基于成本—收益框架，将劳资合作定义为主流的"策略性合作"，但不意味劳动关系中不存在"非策略性合作"，例如当劳资关系演化到第五阶段时，劳动者之间合作就从收益报酬递增机制转化到精神回馈机制。

劳资双方收益的帕累托改进就构成了劳资合作的基本动因。"①

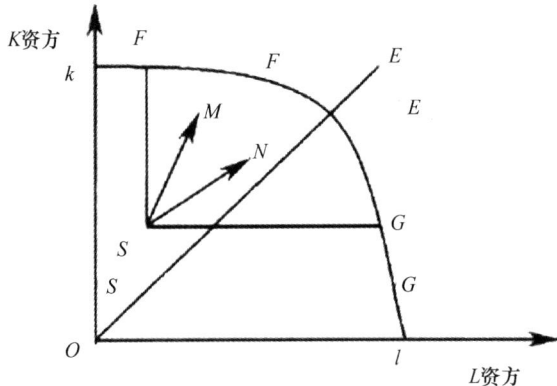

图 3 - 1 劳资利益的帕累托改进

资料来源：吕景春：《论劳资合作博弈中利益的帕累托改进——基于"和谐劳动关系"的分析视角》，《经济学家》2009 年第 4 期。

二 劳资合作利益的帕累托改进

劳资合作利益的帕累托改进要满足两个条件：一是劳资的整体利益要增加，即劳资合作要有"剩余"，即要满足劳资合作的集体理性；二是劳方、资方双方分配的利益要大于不合作时个体单干或与他方结盟的利益，即剩余的分配满足个体理性。

第一，关于集体理性与"剩余"，无论是起源于对传统资本主义进行阶级分析的马克思主义雇佣劳动理论，还是基于市场供求理论的新古典经济学的劳资关系分析模型，尽管两者对"剩余"的来源存在分歧，但对劳资协作或合作与"剩余"之间存在着密切关系这一点从来就没有异议。"剩余"是满足劳资合作集体理性的关键，

---

① 吕景春：《论劳资合作博弈中利益的帕累托改进——基于"和谐劳动关系"的分析视角》，《经济学家》2009 年第 4 期。

为劳资合作利益帕累托改进提供了基础。

　　新古典经济学认为企业的剩余是指企业收入扣除全部要素价格后的剩余；但其又认为在完全竞争条件下企业规模不变时，参与企业要素市场交易的各要素主体按照要素边际生产力进行分配获得报酬后，则可以将企业的全部收入分配完。这里存在一个逻辑矛盾，如果要素市场是有效率的，既然交易各方都按照要素资源的边际生产力从市场中得到最大化的自己的报酬，可是为什么又会出现剩余呢？[①] 阿尔钦和德姆塞茨认为企业"合作剩余"来自于团队生产，由于整个生产活动需要多个不同的生产要素的参与，并且这些要素属于不同的人所有，所以必须合作；同时更为重要的是，整个产出并不是各个要素贡献的简单相加，因为每一种要素对其他要素的边际生产力都有影响。因此，团队获取的收益超过他们各自单干收益的总和，它不仅包括通常意义上的企业剩余，还包括了全部的要素"准租金"[②]。但是团队理论将这部分增值看成是监督者创造的，因此剩余归监督者所有。我们认为这部分增值虽然是在监督条件下企业价值的增加，但仍然是提高人力资本生产率的结果，监督者只是减少了人力资本偷懒时候的"租值耗散"。

　　与西方主流理论有着截然不同的观点，马克思以对立统一的辩证法思想，揭示了剩余的创造。"剩余"是由雇佣工人所创造而被资本家无偿占有的超过劳动力价值的价值，即工人在生产过程中，能创造出比自身更大的价值。理解剩余，劳动力成为商品是关键。马克思在坚持劳动价值论基础上，也阐述了协作生产，因

---

　　① 钟怀宇：《企业内部要素关系的理论分析》，博士学位论文，西南财经大学，2005年，第114页。

　　② 所谓"准租金"是指某项资产的最优使用者超过次优使用者的价值，这里主要是指由于分工与合作，使要素的使用更有效率，生产出更多的价值。这些价值与不合作条件下所生产出的价值的差额就是要素准租金。转引自吴海：《论作为经济伦理的合作范畴》，《学海》2001年第5期。

此与西方主流的"合作剩余"不同。"单个劳动者的力量的机械总和，与许多人手同时共同完成同一不可分割的操作（例如举起重物、转绞车、清除道路上的障碍物等）所发挥的社会力量有本质的差别。……这里的问题不仅是通过协作提高了个人生产力，而且是创造了一种生产力，这种生产力本身必然是集体力。"[①]"这种生产力是由协作本身产生的"[②]。因此，马克思认为在一个劳动者生产时也能产生剩余，而西方主流理论认为剩余来自于团队也就是劳动者多于 1 人时才可能创造，而只有 1 个劳动者的时候是没有剩余生产的。

第二，关于个体理性与"剩余分配"，劳资合作形成的企业这个大联盟不仅要满足集体理性，还要满足个体理性。满足个体理性，即个人利益的满足，就要涉及合作博弈联盟的分配。收入分配问题的研究形成了两大体系，其一是由克拉克创立的主流企业分配理论即边际生产力分配理论；其二是马克思分配理论。

从合作博弈论角度看，边际生产力分配理论只考虑到了个体理性条件以及个体为既定的合作联盟所做出的边际收益，而没有考虑到企业内多个利益主体相互合作时，由于联盟外存在收益的吸引力而导致个体有可能脱离联盟的可能性。在联盟外的收益有可能是自己单干的收益，也有可能是与其他要素主体结盟的收益，也就是说，按照边际生产力分配可能不满足群体理性条件。如果企业中有劳动者要求按照自己的贡献进行分配，那么企业这个联盟可以不包含这些劳动者，也就说资本可以与其他分配要求更低的劳动者结盟组成企业。为什么会存在分配要求更低的劳动者，原因在于马克思所论述的产业后备军。因此，只考虑个体理性的边际生产力理论本身就存在问题。

---

① 马克思：《资本论》（第一卷），人民出版社 2018 年版，第 378 页。
② 马克思：《资本论》（第一卷），人民出版社 2018 年版，第 382 页。

马克思分配理论认为生产决定分配。"分配关系和分配方式只是表现为生产要素的背面。……分配的结构完全决定于生产的结构。分配本身是生产的产物，不仅就对象说是如此，而且就形式说也是如此。"[1] 基于马克思分配理论，资本家通过对生产资料的私有权实现了对劳动者的控制，原因是劳动者自由得一无所有，其必须与生产资料相结合。因此，资本家在与劳动者对分配的博弈中，凭借对生产资料的私有，处于绝对强权的地位。

因此，边际生产力的分配理论没有考虑企业内要素主体之间的关系和与企业外其他要素结盟的关系。并且，在资本主义条件下，在实际分配时，劳动者也不可能按贡献分配。那么，怎样的分配可以满足劳资双方利益帕累托改进？本书认为应该抛弃主流边际生产力分配理论，站在马克思分配理论上，坚持分配是建立在生产基础上的劳资博弈过程。分配是根据劳资双方博弈力量决定的，生产资料所有制是决定劳资博弈力量的关键，同时劳动者联合起来也可以改变绝对弱势地位，其"阶级斗争"对分配份额、工资都有影响作用。

三　劳资合作的模式

莫林在《合作的微观经济学——一种博弈论的阐释》将合作分为如下三种：第一种是直接协议模式，人们之间通过直接面对面的讨价还价，来达成一种群体的合作。何种协议可能形成帕累托优化结果？什么样的协议才被视为是稳定的？一项与所有利益相关者群体（这种群体被称为大联盟）形成的协议，有时可能会受到一个较小群体联盟所达成的某种局部协议的挑战。不会被所有子联盟挑战的协议，就叫做一个"核"的结果。这种核的集合，就是分析直接

---

① 《马克思恩格斯选集》第 2 卷，人民出版社 2012 年版，第 695 页。

协议合作模式所需考虑的重要主题。第二种是市场化模式，社会行为的决策权被完全赋予了个体意义上的经济人，群体行为的结果依赖于个体自利的策略互动性行为。由于大多数真实的市场在配置物品和服务的过程中涉及的大量经纪人是无法相互交流的，因此自亚当·斯密以来，经济学家认为价格对于市场的合作性组织来说是一种有效的市场机制。价格体系比面对面谈判优越之处在于，同一个经纪人知道价格之后，他就无须与市场中的其他参与者进行更多的交流，只要给定价格，经纪人就能以自利的行为，随心所欲地购买或者售卖，最终这些非合作的自立性决策行为，将会奇迹般地达成一种帕累托效率的结果。第三种是基于正义的模式，其决策权被赋予了一个全能的具有权威的仲裁者，其相关社会选择将遵循一系列规范性原则来进行。程序正义给仲裁者赋予了一个机制设计的任务，仲裁者负责博弈规则的选择和强制执行，个体参与人有权选择博弈的特定结果。

这三种合作模式都分别对应着一个特定的理论：直接协议的合作模式是建立在合作博弈理论基础上的；市场化行为模式一般用非合作博弈来进行分析；而公理方法则是正义模式的基础，可以用于分析政府行为。但是，这三种合作模式都有其难题。对于直接协议模式是否存在"核"的结果是合作的关键；对于市场化行为模式则存在频繁的非效率和多重均衡结果的问题；对于正义模式将存在关于平等主义程序解释的困难①。如果把这三种模式运用到劳资合作关系上，合作博弈较适宜于直接协议的合作模式，如劳资怎样形成企业这一联盟，劳动者怎样形成工会与劳资集体谈判（协商）等合作行为；非合作博弈适用于分散的市场化合作行为，如劳动者个体接受市场工资的行为；基于正义的模式适用于企业内部的制度以及

---

① ［美］莫林：《合作的微观经济学——一种博弈论的阐释》，董乙伦、梁碧译，格致出版社 2011 年版，第6—25 页。

政府促进劳资合作的法律与制度。这三种模式都是人们追逐利益最终达成合作的过程，如果无法实现参与者利益的帕累托改进，那么合作将不会达成或者合作破裂。

第二节 劳资关系演化规律

如果把劳资系统内部看成由劳资节点、边（连接）构成的网络，那么劳资关系既包含劳动力节点，又包括资本节点，还包括劳资节点的连接机制。研究劳资关系规律与演化路径，不仅可以规避其演化过程中无序性对社会的破坏，以及突变性所引起社会的倒退，还可以给政府引导劳动自组织演化路径提供可供操作的途径与方法。

一 劳资关系演化的一般规律

虽然各个国家劳资关系演化的路径有所不同，但都遵从劳资关系演化一般规律，即劳资关系系统遵循从低级向高级、从简单到复杂、从无序向有序、由低序向高序的不断优化的非线性演化过程。无序意味着随机性、偶然性、不稳定性、耗散、碰撞；有序意味着要素之间的有规则的联系、运动和转化。有序和无序是相对的，没有绝对的无序，也没有绝对的有序；有序通过无序的碰撞、耗散而产生。

劳资关系是一种非平衡有序结构的系统，一方面是耗散和消费，另一方面是结构和有序。劳资系统要从无序向有序转化，必须通过劳资系统内部非线性机制的调节以获得自我完善，并在非线性相互作用下产生自组织效应来推动。劳资主体的自组织是推动系统向有序发展的内部动力。劳资节点最初是无序的，随着节点的随机连边，劳资之间、劳动者之间、资本所有者之间联系起来，然后劳资节点产生非线性的碰撞作用并引起耗散。由于非线性相互作用，在临界点附近可能出现几种不同的结果，存在着分支解，至于朝哪个分支演化，偶然性的随机涨落也起着十分重要的作用[1]。由于偶然性的因素，劳资系统不仅可能通过在突变从无序转化为有序，也有可能通过突变从有序转变为无序；但这种偶然性因素不影响劳资系统从无序到有序演化的趋势。

劳资关系演化一般规律有三个表现：第一，当劳资系统处于远离平衡的状态时，劳资力量处于非平衡状态，劳资主体之间非线性相互作用，以及在非线性相互作用下产生自组织，导致劳资系统有序地涨落，能使系统各要素间产生协同作用，从而系统从无序状态演化为新的稳定的有序结构。第二，劳资力量的平衡，即劳资力量从不平衡到平衡（集中平衡、分散平衡）的演化，是劳资关系从不合作的无序转向合作有序的关键因素[2]。第三，劳资系统的有序不仅表现为演化的规律性，而且还反映在空间结构的规则性。随着连接机制与自组织的演化，劳资关系的空间结构从随机网络、星状网络——小世界网络、无标度网络等演化，空间结构的演化促进了劳资之间的合作关系。

二 劳资关系演化的特殊规律

用系统思想分析劳资关系时，需要结合经济学、社会学与管理学的劳资理论，明确其区别于其他系统的特点，从而挖掘劳资系统演化的特殊规律。

第一，劳资节点的连边并不等于劳资之间的合作；只有当劳资力量平衡，劳资关系才会进入合作的常态阶段。在劳资关系演化第

---

[1] 武杰、李润珍、程守华：《从无序到有序——非线性是系统结构有序化的动力之源》，《系统科学学报》2008 年第 1 期。

[2] 笔者（2014）曾基于非对称鹰鸽博弈模型分析了我国"资强劳弱"劳资关系的演化路径，证明了平衡的劳资力量是劳资关系达成合作的关键。

一、二阶段，生产要素的分离过程使无数的劳动者失去了生产资料，因此劳动者单干的保留收益接近于零。劳动者无法生存下去，所以不得不与资本连边，获取劳动力价值的工资收益。基于此，劳资系统初期的劳资连边只是劳资协作而不是劳资合作。当劳方连边使劳方自组织不断壮大，形成劳资双方力量相当的局面时，这时劳方的退出威胁才是可信的，劳资双方才会主动合作并协商解决问题，从而劳资关系进入合作的常态阶段，此时劳资节点的连边才是合作关系。

第二，由于劳资节点属性具有主观意识，因此节点间连边动力机制具有从利益回报的"策略性合作"向精神回报的"非策略性合作"转化的基础，从而使工人阶级从"自在的阶级"升华为"自为的阶级"。在劳资关系演化第三、四阶段，劳资之间合作形式是形成组织或企业。基于合作博弈理论，联盟的存续与稳定是以整个大联盟的利润为基础的，同时劳资节点留在企业或组织等联盟的条件也是基于个人收益。因此，在劳资关系演化第三、四阶段，劳资之间的合作是以利益回报为基础的"策略性合作"。当劳资关系演化到第五阶段时，生产力极大提高，资本、企业消失，劳动者之间的连边合作不再是利益回报的"策略性合作"，而转向精神回报的"非策略性合作"。

第三，劳资系统并非是一个完全自组织过程，劳资系统演化需要政府机制设计。劳动自组织演化从无序到有序自然演化的路径是一个充满劳资冲突的长期过程；并且在演化过程中，存在"突变式"演化的可能性。虽然自组织依赖于微观个体的自发行为，但有效的政府机制设计可以为自组织个体连边创造条件，从而改变劳资关系演化路径。

第三节　劳资关系演化路径

一　劳资关系演化的一般路径

劳资关系的演化不仅为社会形态内部有序与渐进的演化提供了微观基础，还为不同社会形态之间"突变"式演化提供了微观解释[①]。劳资关系演化的一般路径是在没有政府干预的条件下的劳资关系自发演化路径。劳资关系自发演化的起点从简单商品经济时期开始，以生产资料个体所有制和个体劳动为基础的简单商品经济使劳动者和资本所有者身份重合；这些劳资重合的节点仿佛漂浮在汪洋上，构成了劳资系统中最初的散点。这些节点不断地碰撞、耗散，并沿着如下路径演化：劳资力量失衡的个体冲突阶段→劳资力量失衡的群体冲突阶段→劳资力量平衡的初级合作阶段→劳资力量平衡的高级合作阶段→劳动和谐合作阶段。

（一）劳资关系演化第一阶段（劳资力量失衡的个体冲突阶段）

随着生产力的发展，以生产资料个体所有制和个体劳动为基础的劳资重合的节点演化分离成劳动力节点与资本节点，于是资本主义制度确立。马克思在《资本论》中论述了资本节点与劳动力节点的分化，"创造资本关系的过程，只能是劳动者和他的劳动条件的所有权分离的过程，这个过程一方面使社会的生活资料和生产资料转化为资本，另一方面使直接生产者转化为雇佣工人"[②]。生产要素的分离过程使无数的劳动者失去了生产资料，劳动者单干的保留收益接近于零，因此不得不与资本连边以获取工资收益。这一时期不存在劳资合作，而仅仅只有社会化大生产的劳资协作。

---

① 王焕祥：《马克思演化经济学思想的微观基础》，《当代经济研究》2008 年第 12 期。
② 马克思：《资本论》（第一卷），人民出版社 2018 年版，第 822 页。

起初，劳动者彼此之间没有建立连边，劳动自组织程度低。没能连边的劳动者与资方相比力量悬殊，劳方被剥削的状态遭到了劳动者个体抗争。弱势的个体劳动者会用怠工和退出企业相威胁。虽然个体抗争会给企业造成损失，但是这个损失和资方剥削劳动力的收益相比是很小的，所以资方还是会采取强硬的手段来应付个体所有者的抗争。一旦劳动者个体抗争无法改变自己的境遇，一部分劳动者开始信息交流，部分劳动者开始随机连边，劳动者自组织萌芽。劳动者自组织的产生改变了劳动者的网络结构，逐渐增强了劳动者的力量。

（二）劳资关系演化第二阶段（劳资力量失衡的群体冲突的阶段）

随着资本的剥削程度的加强，劳资群体冲突激化。激烈的劳资冲突对资方的策略产生压力，一些"开明"的资方有可能采取妥协的策略，一些资方采取对外掠夺的策略，但是大多数资方还是强硬策略。为了维持利润，对内采取妥协策略的资方会进一步加紧对外掠夺。由于现阶段技术还无法突破劳资连边路径的区域限制，采取对外掠夺策略的资方多表现为将原料和劳动力运送回本国。在国内采取强硬策略的资方可以通过禁止劳动者连边，使劳方自组织无序化；或者可以通过控制这些中心节点以控制劳方的信息传递；或者去除这些中心节点使劳方组织结构坍塌。但是只要劳资冲突的根源一直存在，劳方加入组织比组织外的收益大，劳方组织就会一直壮大，直到劳资双方力量平衡，演化进入更高阶段。然而进入更高阶段并非必然，因为集体行动有可能演化为社会冲突，还没能演化至下一阶段，就已经用劳动者的革命、社会的动荡与更替来实现劳资关系的暂时平衡，因此存在着"突变式"演化的可能性。

劳资替代技术使资本有机构成提高，使更多的劳动者被替代，于是越来越多的劳动者被抛弃到贫困大军。随着劳动者从无序连边转向与中心节点连边，劳动自组织也从最初的无序状态逐渐过渡到有序状态。在劳动自组织初始期，突发性事件的刺激导致劳方采取集体行动；劳动集体行动前劳动者随机偶然的连边和信息交流，许多参与人都是受到同伴影响而参与群体行动，劳动自组织程度低。随着劳动者中出现个别中心节点，中心节点的劳动者具有更多的信息来源以及具有胆大的品质，于是普通劳动力节点从开始的无序、随机连边到与这些特定的中心劳动者连边，连边的稳定使信息交流更加频繁，参与集体行动的劳动者数量也急剧增加，工人自组织程度不断提高，组织分工更为明确。由于相似境遇与共同的利益诉求形成了劳动者共同的价值观，劳动者对集体行动的认同促使其自觉参与组织的冲突行动，随后劳动者之间连边固定化，劳动自组织人数规模达到群体的极值。

（三）劳资关系演化第三阶段（劳资力量集中平衡的初级合作阶段）

劳动力节点的聚集使劳方自组织与资本逐渐形成平衡的关系，劳资关系进入初级合作阶段，劳资自组织程度逐渐复杂化。寻求对外掠夺的资本由于遭到被掠夺国家劳动者的反抗，资本不得不暂时撤回国内。随后，有利于劳资共同发展的技术，使资本突破路径长度、区域限制并在全球范围与劳动者连边，这样便促进了跨国公司的繁荣，并且企业的边界逐步扩大。跨国公司与原始的对外掠夺的资本相比，不仅给落后地区带去了技术，还提高了各地的资本有机构成，改变了迁入地的劳资关系，其剥削性质更具有隐蔽性。由于本地劳动力节点再生的机会成本升高，劳动力节点增速减缓，以依靠劳动力数量的经济难以为继，留在本地的资本转而寻求提高人力资本的途径，并改变劳资合作的模式。技术的进步使本地劳资双方合作利益增加，为利益的帕累托改进提供了可能，为劳资双方的稳定博弈提供条件。劳动与资本逐渐形成平衡的关系，劳资集体博弈等对话机制自然产生，劳资关系进入劳资初级合作阶段。但是要注意在这一阶段，一些大事件诸如经济危机、战争等，容易造成联盟整体利益即创造剩余的能力锐减，企业的稳定性受到挑战，整体利益的不足会引起分配的问题。由于此时劳资双方通过谈判达成协议需要较长的回合与时间，在经济危机中还没有等到博弈机制自动调节恢复劳资平衡状态，企业就已经难以为继。一旦企业破产，劳资双方的平衡被打破，劳资之间又将爆发冲突，并重新建立平衡[①]。

由于劳方自组织不断扩大形成了劳资双方力量相当的局面，任意一方的退出威胁将是可信的，因此这个阶段劳资双方从激烈的劳资冲突逐渐转向主动合作并谈判解决问题。由于劳资力量的改变是一个动态的过程，对相对平衡状态的偏离引起的分配问题都可以通过谈判来解决，这一次协议达成新的平衡，到下一次协议又重新博弈。此阶段的群体冲突很少，就连罢工等手段都是作为博弈的"威胁"力量而存在，而不是经常使用。

（四）劳资关系演化第四阶段（劳资力量分散平衡的高级合作阶段）

随着信息技术的提高与平台经济的兴起，就业灵活化与非正式雇佣制度打破了传统的劳资雇佣制度。网络技术发展使企业内部层级制度变得松散，组织内在秩序、规则与结构开始重构。劳资关系进入劳资高级合作阶段——劳资的网络化合作。网络化合作不仅使企业开始出现无界性特征，还会使生产进一步社会化，这具有破坏传统资本主义市场的潜力。同时，关键性的网络生产资料仍然被资本所掌握，劳资冲突的根源仍然没有得到根本解决，为制度的变革埋下伏笔。

---

① 许清清：《劳资关系相对平衡的演化路径分析——基于政府行为选择的视角》，《现代经济探讨》2015 年第 11 期。

随着人力资本含量的提高，高级人力资本劳动者无须用聚集形式以提高谈判力来获得公平的分配，因此高级人力资本劳动者从劳动者联盟析出，并组建松散的行业协会，诸如律师、医师协会。高级人力资本从工会中析出后，削弱了劳动自组织的群体力量。低端劳动力由于就业灵活化，可以同时身兼数职，一对一的劳资关系弱化，劳动者有更多选择的余地，聚集的意愿也会随着平台经济的发展而弱化。因此，劳动力节点从聚集走向分散。同时，劳动自组织结构也变得松散，从层级制逐步扁平化，从高度集中走向多个劳动组织并存的状态。

（五）劳资关系演化第五阶段（劳动和谐合作阶段）

劳资网络化合作使生产继续，社会化劳资节点的拓扑结构改变使劳动从一开始就直接是社会劳动，而不是私人劳动，无须价值插手其间，也无须中间节点作为桥梁，劳动自组织、企业、市场都会最终会消失，劳动关系替代劳资关系。物质产品极大的丰富，使劳资的"利益"为导向的连边，变成了劳动者以"精神满足"为导向的连边。劳资从一、二、三、四阶段的雇佣关系演化为劳动和谐合作阶段。

二 劳资关系演化的特殊路径

虽然劳资关系是一个复杂自适应系统，但由政府设计劳资关系演化的路径与空间结构不仅可以减少劳资双方自主博弈的长期性与劳资冲突，而且还可以减少"突变式"演化的可能性，并在充满冲突的演化前两个阶段实现劳资平衡的合作关系。

劳资冲突自发演进从第一阶段个体冲突到第二阶段的群体冲突，是由于劳资力量偏离了平衡的状态，形成了资方单赢局面所导致的破坏性结果。因此，政府无论是第一阶段还是第二阶段介入促进力量平衡的形成，以制度约束资方权力以及改变博弈结构来平衡双方力量，都能够快速地让劳资双方认识到不合作的损失大于冲突的得益，从而在对抗中寻求共同利益，减少劳资双方自主博弈的长期性与冲突，实现经济效益和社会稳定，并加速进入第三阶段。

只要政府持续形成劳资力量平衡的制度，劳资双方便自发演进到力量平衡的第三阶段，政府根本不用介入劳资的实质性博弈，劳资双方自己就会想办法，无论是通过博弈机制或者是其他类似机制，来解决劳资冲突。因为双方退出的威胁都是可信的，资方不愿意对方使用罢工的手段，劳方也不愿意看到资方破产导致自己失业。劳资谈判使劳资双方的利益得到帕累托改进，促进劳资实现合作。因此，只要保持力量平衡的机制存在，力量平衡的博弈是能通过劳资之间自由博弈来解决问题的。此时，群体冲突作为"威胁"存在和偶尔有序的使用，而不是频繁的爆发。在这一阶段由于重大事件使劳资力量再次失衡并且无法在短时间内通过自平衡机制恢复平衡，这个时候也需要政府介入，加速回到劳资平衡状态，以免爆发大规模的劳资冲突引起社会动荡。

因此，由劳资双方自发演进形成力量平衡的路径不仅所需时间长，并且是一条充满劳资冲突的艰难过程。如果群体冲突一旦冲破了社会承受的范围还可能造成社会动荡，导致劳资关系不会自发演进到第三阶段。同时，重大事件还会造成力量的再次失衡，因此政府在其间的作用就十分重要。政府已经成为平衡劳资两大集团间的利益协调结构背后的决定力量。在劳资关系的演化过程中，政府一般不直接参与到具体劳资事务中来，而主要是通过立法介入来调整、监督、干预劳资利益关系的运行，而这些制度的出台都是要使劳资关系中的劳方和资方的力量处于一种相对平衡的状态。

三　劳资关系空间结构演化的一般路径

劳资系统中最初的劳资散点随着生产力的发展而不断地分化、

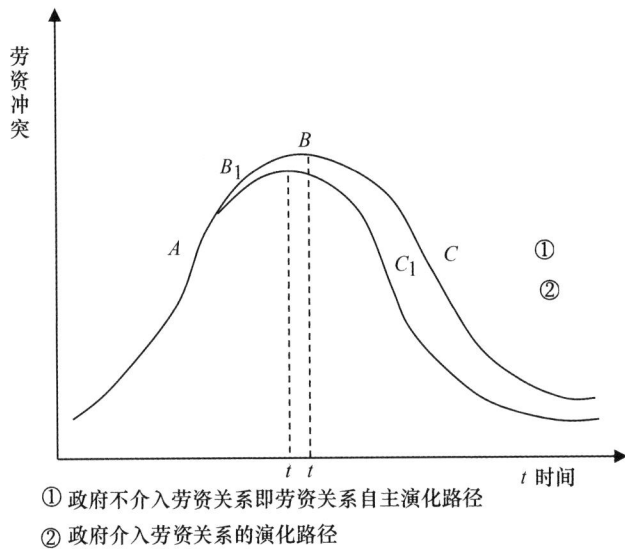

① 政府不介入劳资关系即劳资关系自主演化路径
② 政府介入劳资关系的演化路径

图 3 – 2　劳资关系的演化路径

迁移，从而形成不同的结构。劳资关系演化过程的五个阶段具有不同的劳资合作空间结构，包括劳资个体冲突阶段（星状网络、随机网络）→劳资群体冲突阶段（星状网络、随机网络）→劳资初级合作阶段（无标度网络、小世界网络、层级网络）→高级合作阶段（小世界网络、无标度网络）→劳动和谐合作阶段（全局耦合网络）。

（一）第一阶段的区域星状网络、随机网络

每一次劳资关系发生质的飞跃都是以积累的技术结构为基础。技术分为两类，一类是替代劳动力的技术，一类是改变劳资节点移动与连接的重构技术。马克思《资本论》充分描述了资本家为了利润的竞争必须以提高技术为条件的情况，技术水平的提高直接导致了资本有机构成 C/V 的提高和相对过剩人口，并加速了无产阶级贫困。在此阶段，由于以替代劳动力的技术为主，改变劳资节点移动与连接的技术较少，因而技术无法提供资本为了追逐利润而超出本地域范围的可能性，更多表现为技术对劳动的替代。同时马克思在《资本论》中论述了劳资分离的过程，失去生产资料的劳动力节点不得不被迫与资本节点随机连边。因此，劳资关系的空间结构表现为以资本为中心节点，围绕资本节点的区域性星状网络。

此阶段劳动者自组织处于萌芽阶段，劳动者开始随机连边，最初的连边随机发生在位置靠近的节点，连边不仅不稳定而且处于随机状态，并且局限于一定的区域范围内，因此劳动者网络表现为区域性的随机网络。

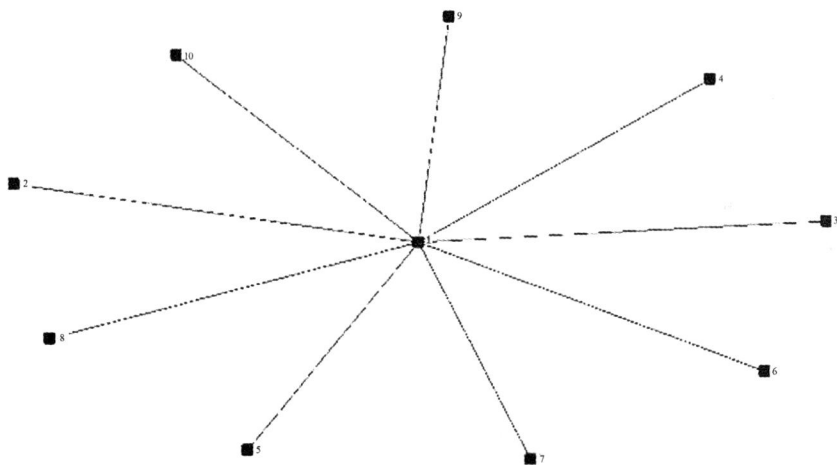

图3-3　星状网络

（二）第二阶段的星状网络、随机网络

此阶段的技术为资本向全世界争夺资源并运回本国提供了条件。掠夺来的物资、劳动力等资源使企业生产规模扩大，更强化了

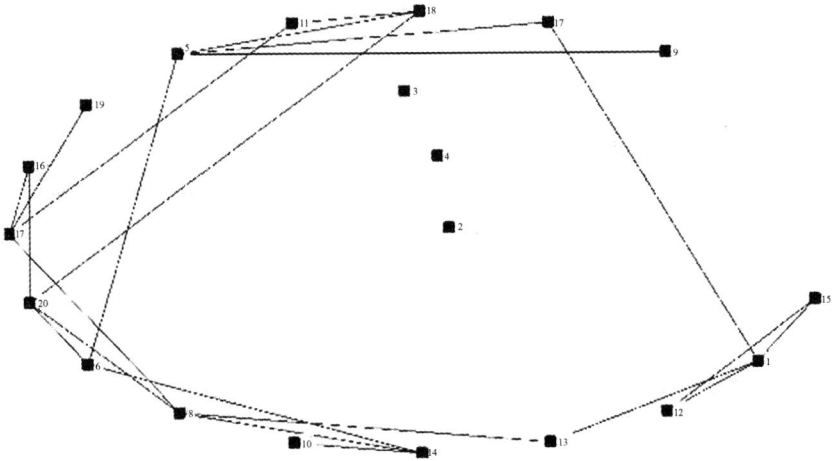

图 3-4 随机图网络

本地劳资星状网络的连接，使劳动力更加依附于资本。一方面，仍然是劳动力依附资本的星状网络；另一方面，劳资网络劳资节点的连边仍然具有随机性。

相对过剩人口与无产阶级的贫困使劳动者之间的随机连边更加频繁，这促使一部分劳动力节点开始固定连边聚集，并威胁资本的利益。资本疯狂地破坏劳动的连边，并造成劳资群体冲突。劳资冲突促使劳动力中心节点出现，并围绕中心节点聚集，形成了无数个星状网络。面对资本的阻挠，劳动力节点进行断边重连，从随机化重连中产生的长程边，突破了连接的地域限制。

（三）第三阶段的无标度网络、小世界网络、层级网络[①]

信息技术的发展为资本节点的跨区域流动提供了可能，从而改

_____

① 注：现实的劳资网络里，平均路径长度小，聚类系数大，度分布却近似为幂律分布，因此同时具有小世界与无标度两种特征。在劳资关系演化的第三、四阶段虽然都具有这两种网络的属性，但本书认为在第三阶段劳资关系网络的无标度的属性强于小世界属性，在第四阶段小世界属性强于无标度属性。

变了劳资关系的空间结构。迫于劳动力聚集的压力，一部分资本与本地劳动力节点断边，从随机化重连中产生的长程边，突破了与劳动者连接的地域限制，并开始了资本推动全球化的冲动，最终形成了具有大度节点的无标度网络。并且，总公司与分公司之间的层级关系形成了劳资合作的层级网络。在这些层级网络中，又存在许多"团"（两两相连的一小群节点）以及只比"团"差几个连接的节点群，因此又具有小世界的特征[①]。

　　劳动力新生节点加入劳动者组织，往往倾向于与那些较大度节点相连接，劳动者组织内部结构具有无标度特征。随着劳动者不断加入劳动自组织，为了更好地组织劳动者进行集体行动，形成了组织的层级网络。

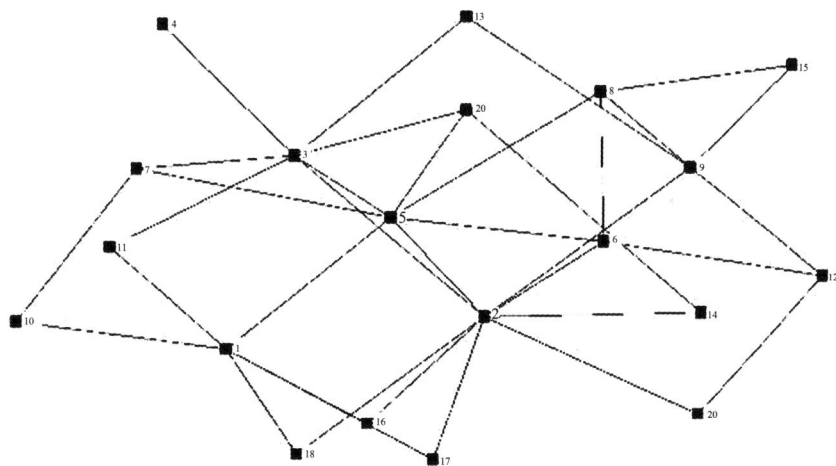

图 3 - 5　无标度网络图

---

　　① 注：小世界网络中往往会包含团（cliques）以及临近团（near-cliques）——此处的"团"，指的是内部几乎任意两个节点之间都存在连接的子网络。

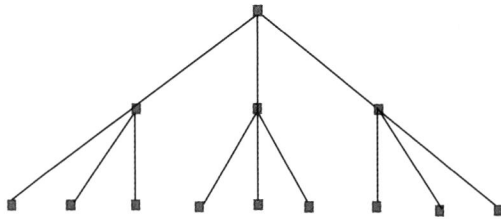

图 3 – 6　层级网络

（四）第四阶段的小世界网络、无标度网络

智能技术能够持续替代部分劳动力节点，这不仅改变了劳资节点的配比，也改变了劳资合作网络结构。从劳动力市场析出的劳动力节点或是自雇、或是提高自身人力资本属性，并重新与资本连边，还有部分劳动力将永久退出劳动力市场成为游离的节点。同时，网络技术提供了劳动者以更加灵活的方式与资本节点连接的可能性，并日益呈现"非正规就业"的趋势。例如，劳动者可以远程受雇于另一个区域的资本，而不需要劳动力节点物理流动到资本所在的区域，并且与资本的连接时间更加灵活多样。或者，劳动者受雇于某个平台，受雇的时间由劳动者自由选择。因此，技术使传统雇佣模式淡化，促使非典型性的雇佣模式出现。劳资合作网络结构不再仅仅局限于劳动与一个资本进行连边，劳资节点之间的连边增加，并表现为多个劳动节点与多个资本同时连边的具有较短平均路径长度与较高聚类系数的小世界网络。随着节点数的增加，由于偏好依附连接的作用，节点连接本质体现出有选择的随机性，从而导致其"团"特征逐渐不明显。于是，劳资节点组成的企业边界扩大，结构扁平化，开始出现无界性特征。

原有的劳动者联盟从聚集走向分化，上一阶段无标度网络幂律特征的度分布开始下降。工会开始从高度集中，分解为小世界的"团"。劳动者中心节点作为劳动者连接桥梁的重要性降低，劳动者通过社交媒体等平台两两节点之间的连边增加，长程边的比例增加，因此具有小世界网络特性。随后，"团"特征逐渐不明显，其结构也越来越松散，自组织走向衰落。

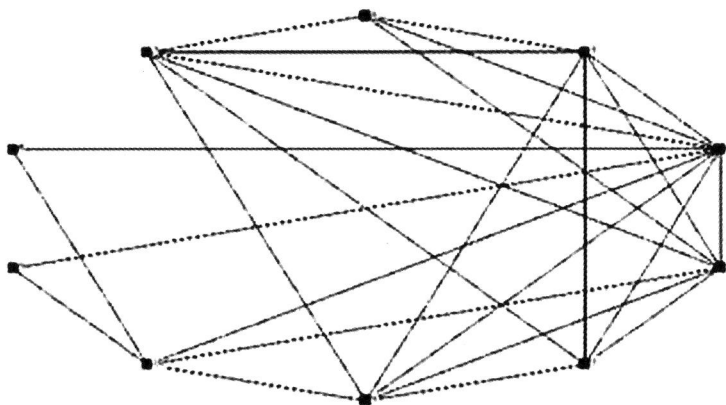

图 3 - 7　小世界网络图

（五）第五阶段的全局耦合网络

由于生产进一步社会化，资本主义外壳无法适应生产社会化而解体。劳资合作结构的改变使劳动关系替代劳资关系，社会主义制度自然产生。劳动者掌握生产资料，劳动节点变成全局耦合网络上的节点。全局耦合网络中，每两个节点之间都相连，无须中间节点作为桥梁，劳动自组织、企业、市场都会最终会消失。全局耦合网络以零交易成本匹配劳动力节点，劳动者的劳动从一开始就是社会劳动。全局耦合网络集聚系数为1，劳资从一、二、三、四阶段的雇佣关系彻底演化为劳动和谐合作阶段。

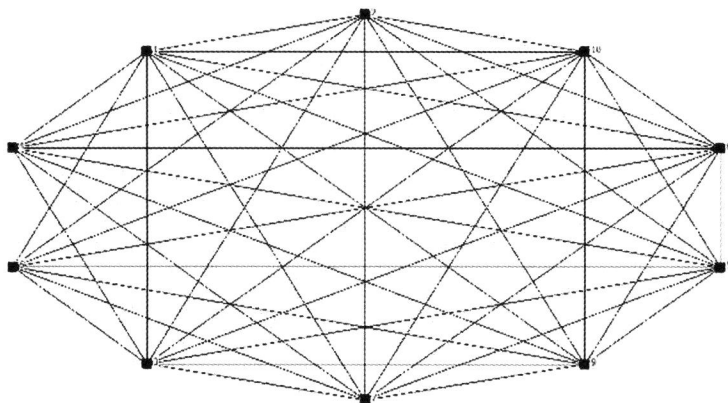

图3-8　全局耦合网络

四　劳资关系空间结构演化的特殊路径

劳资系统内节点之间的连边会体现出主体之间非线性的交互作用，一方面劳动者节点之间连边数量变化会导致劳方在系统中的地位发生变化；另一方面节点自身的数量、质量变化也会影响劳资之间的平衡。在劳资关系演化中，自我强化和自我稳定的机制使劳资关系演化存在"路径依赖特征"；劳资关系在不同的文化历史环境中始终保持动态均衡，随时间演化成不同结构的网络。因此，各国政府基于本国历史环境干预劳资关系，通过对劳资系统的加点连边，将会影响劳资系统内节点的成长与连接，使其在演化结构上具有自身的独特性，并表现出劳资关系多样性的结构特点。

首先，替代性技术改变生产要素的配比关系。重构劳资关系结构的技术，无论是劳资节点的快速移动，还是劳资之间长程边的建立，都能使劳资关系空间结构重构与资源配置效率提高。在资本主义初期，替代性技术主要表现为机器替代劳动力，在一定范围内极易引发劳资冲突。从资本主义中期开始，重构性技术会重构原有劳资关系结构，增加了原有制度的弹性，在一定程度上延长了原有资本主义制度存在的时间。因此，政府不仅要鼓励技术的发展，还应根据不同技术的性质与水平，出台与之相符合的劳资政策。当劳资替代性技术引起局部劳动力失业时，要注意引导劳资节点的区域性转移，提供劳动力培训的投入，以促进劳资节点的重新连边，并预防局部劳资冲突的激化。当技术为劳资关系结构的重构提供可能性时，政府要注意应对劳资节点全球化流动所带来的机遇与危机。对承接国外资本的转移要做好引导服务工作，引导国外资本落地的区域、行业及其与劳动者的连边；对资本流出所引起的资本与国内劳动者断边，要做好劳动者与国内资本的重连工作。

其次，随着劳动力代际传承的机会成本升高，在劳资自发演化的空间结构中，劳动力节点增加的速度减缓，甚至成为负增长。这不仅会引起局部劳动力短缺、资本无法与劳动力节点连边的状况，还会导致由于人口红利消失而引起的产出减少。因此政府需要鼓励劳动力的代际更新，并同时提高劳动者的人力资本含量以应对劳动力节点减少对产出的影响。

最后，劳资自发演化的空间结构在一定阶段会引发区域经济的不平衡，局部劳资节点的连接增多，会引起区域经济极化，进而使劳动力转出区域的劳资关系空间结构坍塌，经济发展受到冲击。因此，当劳资空间结构导致了区域经济发展不平衡，政府必须引导劳资节点的空间移动，以应对经济发展不平衡引起的劳资结构坍塌。

第四节　劳资关系演化模型

在劳资关系中，劳动与资本两大阵营的博弈是劳资关系演化的动力。因此，我们用博弈模型来分析劳动与资本是如何交互的。劳资博弈是解决劳资"囚徒困境"的有效途径，其可打破劳资在低水平上的均衡（冲突，冲突），而形成在更高水平上的均衡（合作，合作)。但值得注意的是囚徒困境是"对称博弈",其暗含的意义是力量平衡的劳资博弈才是有效博弈,才能通过重复博弈解决囚徒困境。如若劳资力量不平衡,那么将会产生怎样的后果?下面将具体分析劳资关系演化博弈。

一 劳资关系演化博弈模型

(一) 基于传统微分方程的劳资关系演化博弈模型

1. 劳资关系演化博弈模型

"囚徒困境"是被运用在劳资博弈中最多的模型,但由于囚徒困境模型是对称的,其并不符合我国劳资关系的现状。因此,选取与劳资状态相符合的博弈模型是分析劳资关系演化的第一步。笔者(2014)基于"鹰鸽模型"构建了劳资力量平衡的劳资博弈演化模型与劳资力量不平衡的劳资博弈演化模型,并用传统微分方程分析了在劳资谈判力平衡与失衡两种状态下,劳资关系演化的稳定策略和均衡结果(ESS)[1]。接下来,以非对称模型模拟我国资强劳弱的劳资关系演化为例,来分析基于传统微分方程模拟劳资关系演化的过程与局限。

表 3 - 1   劳资博弈的收益矩阵

		劳 方	
		合作	不合作
资方	合作	$U_{11} = u + \alpha\pi; V_{11} = v + (1-\alpha)\pi$	$U_{12} = u + b_v; V_{12} = v + E_v - b_v$
	不合作	$U_{21} = u + E_u - b_u; V_{21} = v + b_u$	u; v

---

[1] 许清清、张衔:《劳资谈判博弈的演化路径与稳定策略》,《统计与决策》2014 年第 6 期。

其中 u、v 分别代表劳资主体不合作时，所获得的保留收益；π 为劳资主体都选择合作策略时的合作剩余；α 为利益分配系数。b_v 为劳方选择不合作策略时，赔偿给资方的违约金额；$b_u(b_u \geq \alpha\pi)$ 为资方选择不合作策略时，支付给劳方的违约金额；E_u、E_v 为资方、劳方选择不合作策略时，所获得的机会收益；$E_v - b_v$ 为劳方的机会收益减去付给资方的违约金额所剩下的机会利益；$E_u - b_u$ 为资方的机会收益减去付给劳方的违约金额所剩下的机会利益。

假设在初始阶段，资方选择合作策略的比例为 x，那么选择不合作策略的比例为 $(1-x)$；劳方选择合作策略的比例为 y，那么选择不合作策略的比例为 $(1-y)$。

资方选择合作策略的收益为：

$$C_{1x} = y(u + \alpha\pi) + (1-y)(u + b_v) \tag{1}$$

资方选择不合作策略的收益为：

$$C_{2x} = y(E_u - b_u) + u \tag{2}$$

资方的平均收益为：

$$C_{px} = xC_{1x} + (1-x)C_{2x} \tag{3}$$

劳方选择合作策略的收益为：

$$L_{1y} = x[v + (1-\alpha)\pi] + (1-x)(v + b_u) \tag{4}$$

劳方选择不合作策略的收益为：

$$L_{2y} = x(E_v - b_v) + v \tag{5}$$

劳方的平均收益为：

$$L_{py} = yL_{1y} + (1-y)L_{2y} \tag{6}$$

劳资主体根据多次博弈的结果调整策略选择，我们用动态复制系统来表示选择合作策略主体的演化：

$$\frac{dx}{dt} = x(1-x)[y(u + a\pi) + (1-y)(u + b_v) - y(E_u - b_u) - u]$$

$$\tag{7}$$

$$\frac{dy}{dt} = y(1-y)\{x[v+(1-\alpha)\pi]$$

$$+ (1-x)(v+b_u) - x(E_v - b_v) - v\} \tag{8}$$

令 $\frac{dx}{dt}=0$，$\frac{dy}{dt}=0$，在平面 $R=\{(x, y) \mid 0 \leq x \leq 1, 0 \leq y \leq 1\}$ 得出此博弈的五个均衡点分别为 $(0, 1)$，$(1, 0)$，$(0, 0)$，$(1, 1)$，$(\frac{b_u}{E_v - b_v + (\alpha-1)\pi + b_u}, \frac{b_v}{b_v + E_u - b_u - \alpha\pi})$。其中，$(\frac{b_u}{E_v - b_v + (\alpha-1)\pi + b_u}, \frac{b_v}{b_v + E_u - b_u - \alpha\pi})$ 为演化的鞍点，属于不稳定点。

根据资方与劳方的复制动态方程进行分析，当 $x = \frac{b_u}{E_v - b_v + (\alpha-1)\pi + b_u}$ 时，对于所有 y 均为稳定状态；当 $x < \frac{b_u}{E_v - b_v + (\alpha-1)\pi + b_u}$ 时，$y^*=0$ 与 $y^*=1$ 均为稳定点，其中 $y^*=1$ 时进化稳定策略；当 $x > \frac{b_u}{E_v - b_v + (\alpha-1)\pi + b_u}$ 时，仍然是 $y^*=0$ 与 $y^*=1$ 两个稳定点，其中 $y^*=0$ 是进化稳定策略。同理，$y = \frac{b_v}{b_v + E_u - b_u - \alpha\pi}$ 时，对于所有 x 均为稳定点；当 $y < \frac{b_v}{b_v + E_u - b_u - \alpha\pi}$ 时，$x^*=0$ 与 $x^*=1$ 均为稳定点，其中 $x^*=1$ 时进化稳定策略；当 $y > \frac{b_v}{b_v + E_u - b_u - \alpha\pi}$ 时，$x^*=0$ 为进化稳定策略。根据以上分析，该演化博弈的群体复制动态和稳定性如图 3-9 所示。

当劳资主体处于区域 A 时，双方会收敛到进化稳定策略 $x^*=0$ 与 $y^*=1$，即资方将最终选择合作策略，而劳方将采用不合作策略；当劳资主体处于区域 B 时，双方会收敛到进化稳定策略 $x^* = 1$ 与 $y^* = 1$，即劳资双方都会选择不合作策略；当劳资主体处于区域 C 时，双方会收敛到稳定策略 $x^* = 0$ 与 $y^* = 0$，即劳资双方都会选择合作策略；当劳资主体处于区域 D 时，双方会收敛到稳定策略 $x^* = 1$ 与 $y^* = 0$，即资方选择不合作策略，劳方将采用合作策略。

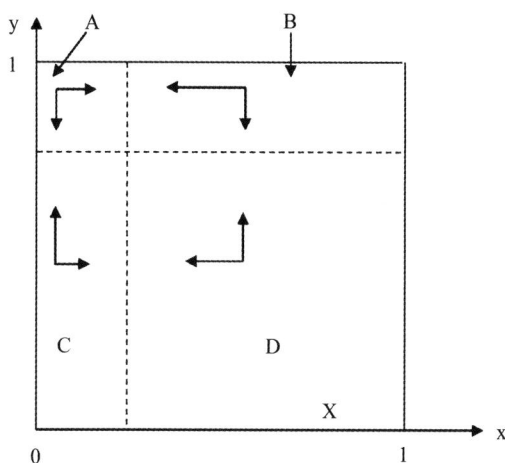

图 3 - 9　劳资博弈双方的群体复制动态和稳定性

2. 基于传统微分方程分析博弈演化的局限性

基于传统微分方程计算劳资博弈中劳方与资方群体复制动态和稳定策略，虽然能反映劳资群体博弈策略的演化，但是这种方法是假设节点（主体）以均匀混合的方式交互，即每个节点（主体）全部相互接触，主体可以与群体中任意主体进行博弈。而在实际交互过程中，主体并非均匀混合，劳资主体间的接触总是有限的，主体只能接触与之临近的有限范围内的其他个体。只有当技术发展了，才会有与区域外主体交互的可能。因此，用微分方程计算劳资主体博弈演化有严格的假设条件。

　　基于复杂网络的演化博弈是将主体之间复杂的相互关系和博弈行为本身结合起来。主体间复杂的相互关系可以影响参与博弈的主体行为，从而产生合作。相较于传统的演化博弈论，这是一个很大的进步，不仅在理论上实现了复杂网络理论和演化博弈理论的交叉研究，而且能更好地解释现实生活中的自利主体为何能形成广泛的群体合作。

　　劳资关系网络是一个不断增长的复杂网络，随着网络主体获利的不断增加，劳资网络会吸引外部主体进入参与合作；同时，劳资主体在选择合作伙伴时，更倾向于选择具有优势的个体作为邻居。处于劳资网络中的劳资主体，在进行合作行为策略中，其关系演化将受到网络环境与结构的影响，因此将劳资主体置于劳资合作网络中，进行仿真分析，更具有实际意义①。基于此，本书准备把劳资博弈放到复杂网络空间模型中进行演化仿真测试，从而分析劳资合作关系的网络演化规律。

（二）基于复杂网络的劳资演化博弈模型

1. 劳资关系网络模型构建

　　为了探讨博弈规则在各种网络结构中对合作的影响，本书借鉴曹霞、张路蓬（2015）的研究方法，以"非对称的鹰鸽博弈"作为分析劳资博弈模型，把劳资博弈模型放到不同演化阶段的空间结构（随机网络、无标度、小世界网络）中进行演化仿真研究，来探讨利益分配的博弈规则与各种劳资关系空间结构对劳资合作关系演化的影响。

　　构建劳资关系网络 $G(V, E)$，其中 V 为劳资关系网络中所有节点的集合，代表网络中的所有劳资主体；E 为劳资关系网络中所有

---

① 曹霞、张路蓬：《利益驱动对创新网络合作行为演化的影响机理及仿真——基于复杂网络拓扑结构视角》，《运筹与管理》2015 年第 6 期。

边的集合。分别生成具有随机网络、无标度与小世界特性的劳资关系网络。随机劳资关系网络，即给定含有一定节点数目 N 的具有随机连边的拓扑结构的劳资关系网络，每个节点都以一定概率随机连边，最终形成具有随机特性的劳资网络 G_1。BA 无标度劳资关系网络，主要是构造新加入结点与原有节点的连接关系。新加入的劳资节点 k_i 按照公式（9）进行连接，从而形成具有无标度的劳资网络 G_2。

$$\prod(k_i) = \frac{k_i}{\sum_j k_i} \tag{9}$$

WS 小世界劳资关系网络，每个节点都与左右相临的节点相连，以概率随机重新连接网络中原有的每条边（不包括重连与自环），生成具有小世界特性的劳资网络 G_3。

2. 劳资合作网络上劳资演化博弈模型构建

基于表 3-1 的博弈模型，再加入劳资节点连接的策略，即劳资节点会随机选择邻居节点进行收益比较。若自身获益 $lr_m < lr_n$（邻居收益），节点 m 将学习节点 n 的策略，并以概率 W 模仿节点 n 的策略。

$$W_{m\to n} = \frac{1}{1 + \exp\left[(lr_n - lr_m)/k\right]} \tag{10}$$

其中 k 表示外界环境等不可控因素对策略学习产生的无法避免的干扰，本书选择中性噪声强度 $k = 0.5$ 进行仿真。劳资节点学习策略后，将以随机概率 γ_{ms} 重连。随机概率可表示为：

$$\gamma_{ms} = \sum_{m\in G} \frac{l_s^\beta}{l_m^\beta} \tag{11}$$

其中 l_s 为节点 s 的收益；β 为偏好倾向，设定 $\beta = 1$ 作为仿真参数值。当节点按照上述规则通过长期学习和策略调整后，最终选择合作策略主体占总主体比重作为合作率，从而探索劳资合作行为的演化。

3. 仿真实验

（1）仿真步骤

根据以上仿真算法，设计在不同网络拓扑结构中，劳资主体的演化博弈过程。

Step 1：生成随机、无标度、小世界网络，劳动力网络 $L(V_1, E_1)$、资本网络 $C(V_2, E_2)$；劳动力节点与资本节点间也存在合作关系 $L\_C(V_1, V_2, E_0)$，同时初始化参数；

Step 2：由于劳资主体的策略选择在初始时具有一定的随机性，因此仿真初始，将博弈策略以随机形式分配给网络中的各个节点；

Step 3：劳资主体选择邻居节点进行收益比较，并进行策略更新。若自身收益大于或等于邻居收益，则不作任何策略改变；若自己收益小于邻居收益，则以概率 $W_{m \to n}$（公式 10）进行策略模仿；若策略相同，转入步骤 4；

Step 4：根据公式 11，以随机概率 γ_{ms} 断边重连新的合作对象；

Step 5：转到步骤 2，直到达到预定的博弈次数后结束，生成仿真图。

（2）合作剩余的分配比例与劳资合作行为的仿真

由于初始时，劳资合作网络中采纳合作与不合作策略的主体数量具有一定的随机性，因此对初始主体的策略进行随机赋值。根据劳资博弈的特征，并结合合作博弈中联盟分配思想，确定了劳资关系网络中参数如表 3－2 所示。

表 3－2　　不同剩余分配比例下劳资关系网络中各参数仿真取值

劳动力节点	资本节点	剩余分配比例 α	偏好 β	合作剩余 π	保留收益 u	保留收益 v	b	机会利益 $E_v - b_v$	机会利益 $E_u - b_u$
100	20	0.5	1	20	10	1	1	6	10
100	20	0.7	1	20	10	1	1	6	10
100	20	0.9	1	20	10	1	1	6	10

具体参数的含义可以参见表3-1，为了简便运算，设 $b_v = b_u = b = 1$。由于劳方的机会利益小于资方的机会利益，所以设 $E_u - b_u = 10, E_v - b_v = 6$。根据随机、无标度与小世界劳资合作网络特性，初始生成100个劳动力节点与20个资本节点的随机、无标度与小世界劳资关系网络，得到当剩余分配比例 α 分别等于0.5、0.7、0.9时，劳资关系网络合作行为演化规律如图3-10、图3-11、图3-12所示。

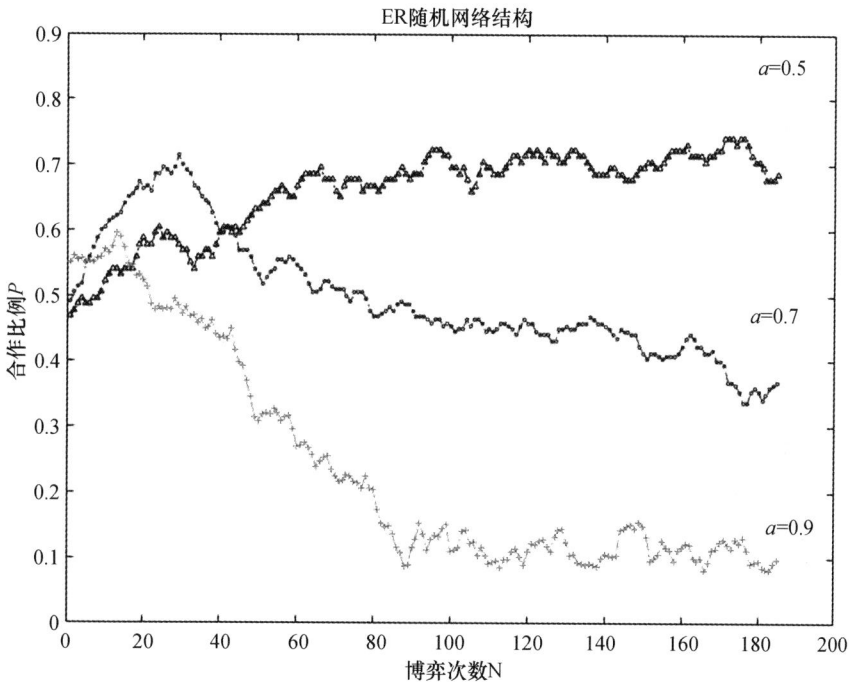

图3-10 ER随机网络劳资合作行为演化结果

在ER随机网络劳资关系网络中（图3-10），当利益分配系数为0.9时，劳资合作网络的合作率在剧烈波动后最终退化趋近于0，即网络最终没有主体选择合作策略。当利益分配系数为0.7时，劳资合作的比例在短时间上升，然后日趋下降，降低到0.4以下，

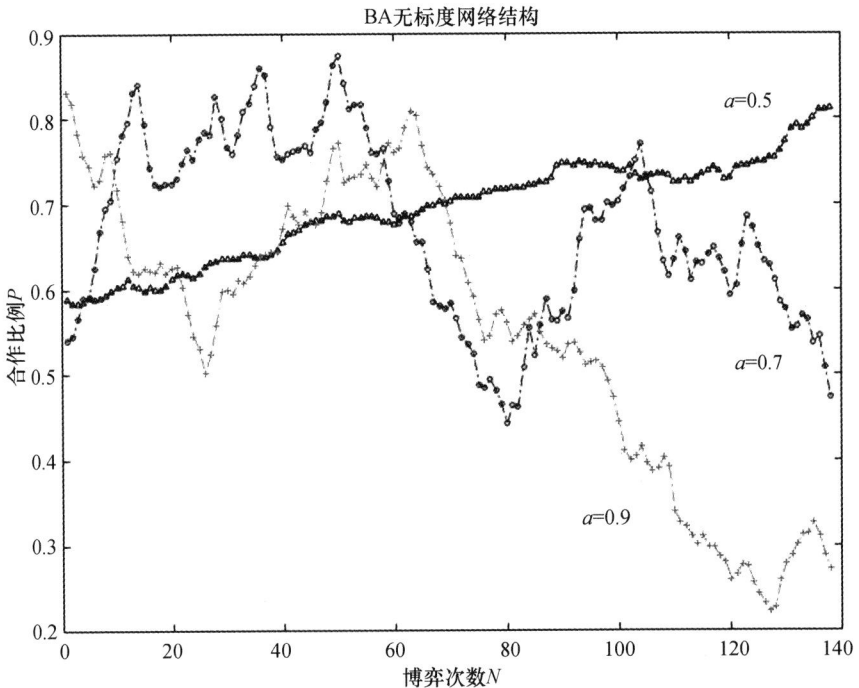

图 3 - 11　BA 无标度网络不同剩余分配下劳资合作行为的演化结果

即劳资主体有较小比例的选择合作策略。当利益分配系数为 0.5 时，网络合作率最终稳定在 0.7，即劳资主体有较大比例均选择合作策略。

在 *BA* 无标度劳资关系网络中（图 3 - 11），节点的度分布呈现幂率特性，聚类系数较小。当利益分配系数为 0.7 和 0.9 时，劳资合作网络的合作率先短时间内震荡上行，然后持续震荡下行，合作率一直处于下降的趋势；并且劳资主体的合作策略在博弈中处于反复波动状态，振幅较大。特别是在分配系数为 0.9 时，劳资合作率在大幅度波动后最终退化趋近于 0，即网络中无合作行为。当利益分配系数为 0.5 时，劳资合作率演化持续上升，稳定在 0.8 左右，即劳资网络中的大多数主体都选择合作策略。

在 *BA* 无标度劳资关系网络中，起初连接关系简单化导致具有

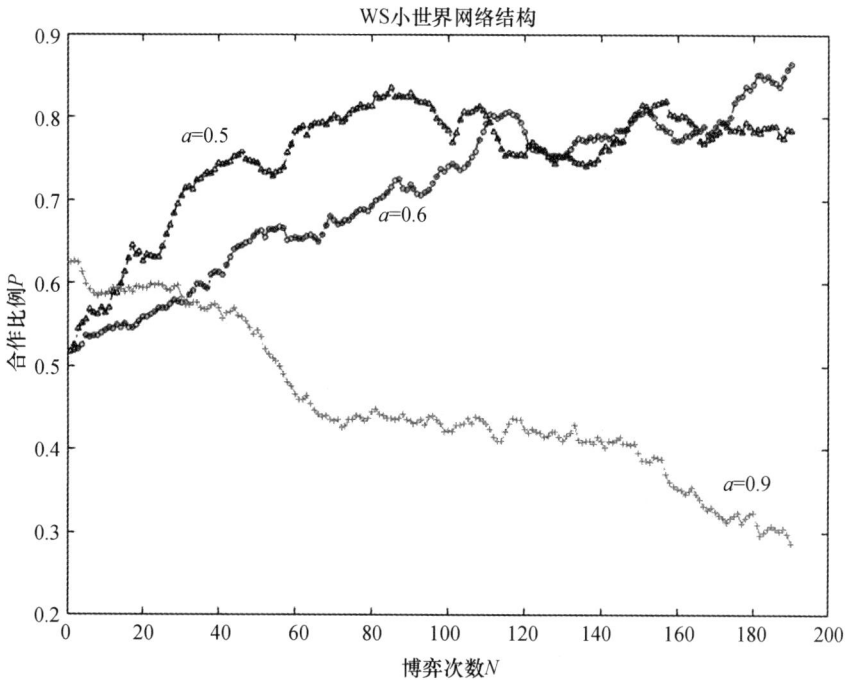

图 3 – 12　WS 小世界网络劳资合作行为演化结果

合作行为主体的节点数目有限，随着大度节点出现，网络中的主体节点倾向于与大度节点相连，节点度呈幂律分布。这些大度节点不仅影响了与之连接的其他节点的策略选择，还使信息在网络中的传播路径变得简捷、信息成本降低了，从而加快了劳资合作演化的速度。由于不公平（公平）的利益分配信息，会通过大度节点的信息渠道传递给其他节点，并且其他节点会模仿大度节点的策略，因此当面临不公平的利益分配时，网络中的大度节点主体在累计博弈收益的条件下，仍然倾向在初期采取合作策略。大度节点不停地调整合作与不合作策略来进行劳资博弈，其震荡调整策略作为一种威胁对方的手段；但经过一段时间后，如果不公平的利益分配仍然没有改变，一旦大度节点持续采取不合作策略，那么也将会影响周围节点的策略，从而劳资合作率急剧下降，最终导致劳资网络上的合作行为的剧烈震荡并退化。

在 WS 小世界劳资关系网络中（图 3 - 12），网络节点度分布为正态分布，聚类系数较大而平均路径长度较短。劳资主体持续寻找最佳合作伙伴以达到自身利益最大化，于是网络具有丰富的连接关系，节点连接关系较广泛，节点连接较为复杂。当利益分配系数为 0.9，劳资主体的合作比例持续下行，最后合作的概率大约在 0.3 左右，即劳资合作网络中的主体较少选择合作策略，但由于节点连接广泛，因此当面临不公平的分配时，合作比例下降平稳。当利益分配系数为 0.5、0.6 时，劳资合作率演化持续上升，稳定在 0.8 左右，即劳资主体绝大部分比例选择了合作策略。

比较"利益分配规则"在三种劳资关系网络中对劳资合作演化的影响，结果发现：无论在哪一种网络拓扑结构，利益分配比例都将会影响劳资合作群体的比例。为了讨论利益分配系数影响劳资关系中合作者的比例，对比利益分配系数为 0.5、0.7、0.9 时，合作率的变化。演化结果证明了无论在哪种网络结构中，当分配系数在 0.5 的时候，劳资合作群体的比例大于分配系数为 0.7、0.9 时。说明劳资之间趋于公平的分配能够更能激发双方的合作率，不公平的分配会降低双方的合作率。

结论 1：合作利益的公平分配能够提升劳资合作行为的比例，并且劳资主体最终合作率趋于稳定。不公平的利益分配在不同的网络拓扑结构中，无论在哪种网络结构上都不利于合作的产生。

比较三种不同网络拓扑结构对劳资合作演化的影响，结果发现：第一，当面临公平分配时，无标度网络、小世界网络的劳资合作比例比随机网络高。原因在于，无标度网络的主体基于大度节点的合作示范效应，来选择自己合作的策略；小世界网络节点之间的连接更充分，平均路径最短，公平分配的信息传播地更快，从而促进了合作的生成。其中，特别是在小世界网络，点与点之间平均路径最短，公平分配的信息传播最快，因此，当利益分配系数为 0.5 时，小世界网络上劳资合作率上升得最快。第二，当面临不公平的分配时，特别是当利益分配系数为 0.9 时，小世界网络的劳资合作比其他网络更为平稳地下降，没有出现频繁的波动现象。原因在于，在小世界网络中，劳资主体的社会关系多样化使节点的连接更为复杂，不乏"人脉择优"的连接，因此，合作利益的分配规则并不能完全决定劳资合作网络主体的行为。第三，当面临不公平的分配时，特别是当利益分配系数为 0.9 时，无标度网络上的劳资合作演化震荡更为剧烈。原因在于，无标度网络中存在许多大度节点，这些大度节点对合作行为维持和演化起着非常重要的促进作用，与大度节点连接的其余节点会模仿大度节点的策略。当面临不公平的分配时，这些大度节点在累计博弈收益的条件下，仍然倾向在网络中采取合作策略，因此聚集在其周围的低连接度的个体也会保持合作策略。从图 3 - 11 可知，当利益分配系数为 0.7、0.9 时，劳资初期都保持着较高的合作率，但其中合作率的振幅较高，反映了大度节点通过不停地调整合作与不合作策略来进行劳资博弈；但经过一段时间后，如果不公平的利益分配仍然没有改变，一旦大度节点持续采取不合作策略，那么也将会影响周围节点的策略，从而劳资合作率急剧下降。

结论 2：劳资网络拓扑结构的异质性会影响劳资合作率的演化。

（3）机会利益与劳资合作行为的仿真

以下分析在不同的网络结构中，机会利益诱惑对劳资合作的破坏作用。表 3 - 3 是不同机会利益下劳资关系网络中各参数仿真取值。

表3-3 不同机会利益下劳资关系网络中各参数仿真取值

劳动力节点	资本节点	剩余分配比例 α	偏好 β	总剩余 π	保留收益 u	保留收益 v	b	当 $E_u - b_u = 10$ 劳方机会利益 $E_v - b_v$	当 $E_v - b_v = 6$ 资方机会利益 $E_u - b_u$
100	20	0.5	1	20	10	1	1	2	60
100	20	0.5	1	20	10	1	1	4	100
100	20	0.5	1	20	10	1	1	8	300

为了剔除剩余分配比例对劳资合作的影响，于是我们假定剩余分配比例不变，且 $\alpha = 0.5$。由于劳资双方都存在违约的机会利益诱惑，于是分别讨论劳方与资方的机会利益对劳资合作的影响。在分别讨论时，假定对方的机会利益不变。一般来讲，劳方机会利益小于资方机会利益。在分析劳方机会利益对合作的影响时，假定资方机会利益 $E_u - b_u = 10$ 不变，以研究在不同机会利益条件下 $E_v - b_v = 2$、$E_v - b_v = 4$、$E_v - b_v = 8$，劳资合作的演化。同理，在分析劳方机会利益对合作的影响时，假定劳方机会利益 $E_v - b_v = 6$ 不变，以研究在机会利益 $E_u - b_u$ 为合作剩余 π 的3倍、5倍、15倍时，劳资合作率受机会利益影响的演化规律。通过 Matlab 软件仿真，得到图3-13、图3-14及图3-15的结果。

在 ER 随机网络中，首先分析劳动者面对机会利益的诱惑时，劳资合作的演化规律。当资方机会利益 $E_u - b_u = 10$，劳方机会利益诱惑较小 $E_v - b_v = 2$ 时，劳资合作行为演化震荡上行，最后合作率大约在0.9左右；当劳方机会利益诱惑 $E_v - b_v = 4$ 时，劳资合作行为演化震荡下行，最后合作率在0.4—0.5；当劳方机会利益诱惑较大 $E_v - b_v = 8$ 时，劳资合作行为演化持续下行，最后合作率大约为0.2。其次，分析资本在面对机会利益的诱惑时，劳资合作的演化规律。当劳方机会利益 $E_v - b_v = 6$，资方机会利益诱惑较小 $E_u - b_u$ 为合作剩余 π 的3倍时，劳资合作行为演化震荡上行，最后合作

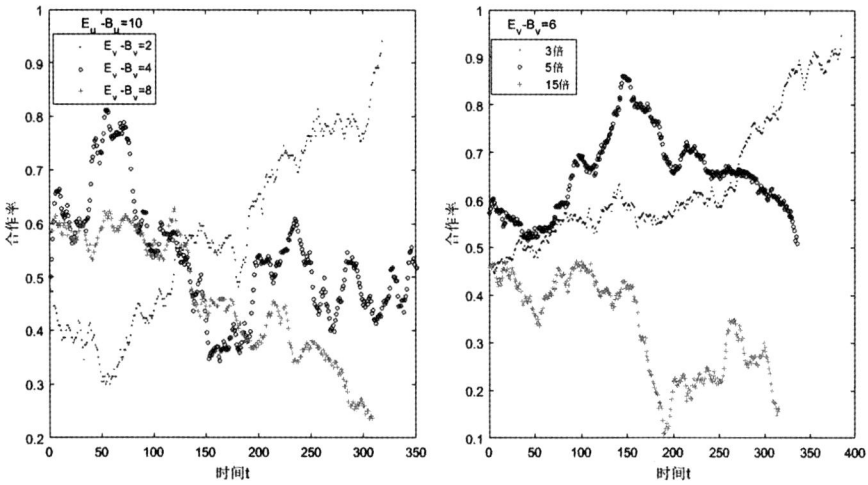

图 3 - 13　ER 随机网络不同机会利益下劳资合作行为的演化结果

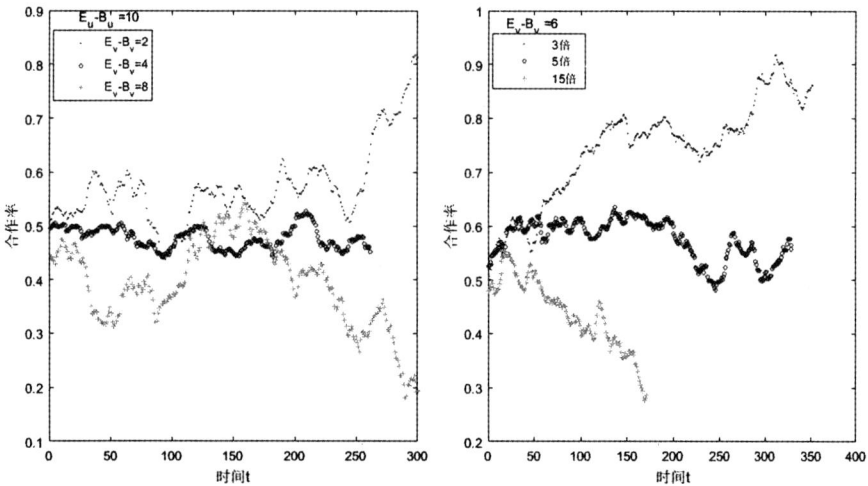

图 3 - 14　BA 无标度网络不同机会利益下劳资合作行为的演化结果

率大约在 0.9 左右；当资方机会利益诱惑 $E_u - b_u$ 为合作剩余 π 的 5 倍时，劳资合作行为先震荡上行，随后断崖式下降，最后合作率大

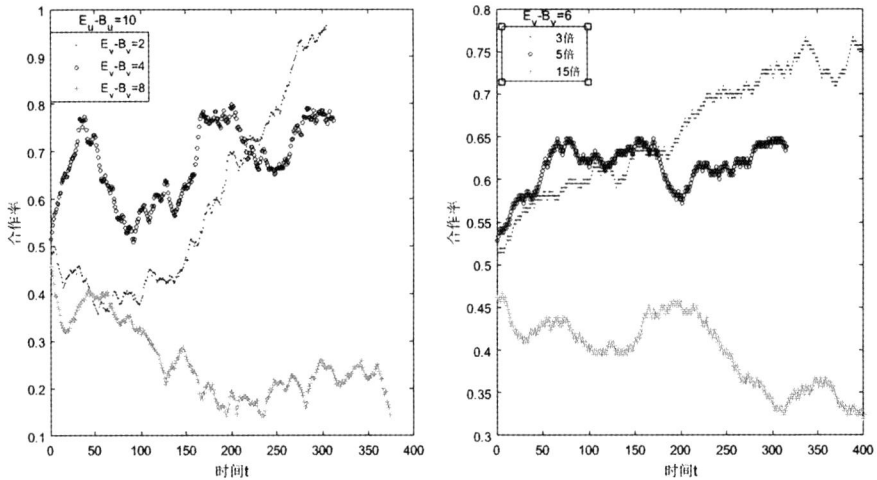

图 3 - 15　WS 小世界网络不同机会利益下劳资合作行为的演化结果

约在 0.5 左右；当劳方机会利益诱惑较大，$E_u - b_u$ 为合作剩余 π 的 15 倍时，劳资合作行为震荡下行，演化过程中合作率有趋于 0 的风险，最后合作率为 0.1—0.2。

同时，在 ER 随机网络中，劳资合作率在的波动振幅比其他两种网络大，这是由于劳资连边是随机且不稳定的，当面临机会利益诱惑时，劳资群体更容易选择不合作策略，与原有的节点断边，再随机与其他节点重连。

在 BA 无标度网络中，首先分析劳动者面对机会利益的诱惑时，劳资合作的演化规律。当资方机会利益 $E_u - b_u = 10$ ，劳方机会利益诱惑较小 $E_v - b_v = 2$ 时，劳资合作行为演化先在 0.5—0.6 震荡，随后持续上行，最后合作率大约在 0.8；当劳方机会利益诱惑 $E_v - b_v = 4$ 时，劳资合作行为演化震荡下行，最后合作率稳定在 0.4—0.5；当劳方机会利益诱惑较大 $E_v - b_v = 8$ 时，劳资合作行为演化震荡下行时，最后合作率大约为 0.2。其次，分析资本在面对机会利益的诱惑，劳资合作的演化规律。当劳方机会利益 $E_v - b_v = 6$ ，资方机会利益诱惑较小 $E_u - b_u$ 为合作剩余 π 的 3 倍时，劳资合作行为演化震荡上行，最后合作率大约在 0.9 左右；当资方机会利益诱惑 $E_u - b_u$ 为合作剩余 π 的 5 倍时，劳资合作行为大约在 0.5—0.6 之间持续震荡，劳资合作行为先震荡上行，最后合作率大约在 0.5 左右；当资方机会利益诱惑较大 $E_u - b_u$ 为合作剩余 π 的 15 倍时，劳资合作行为为震荡下行，随后断崖式下降，最后合作率在 0.2—0.3 之间。

同时，在无标度网络中，基于累积利益，当劳动力大度节点面临诱惑时，会倾向选择合作策略；而大度节点的策略会影响与之连接的主体，周边的主体也多倾向选择合作策略。因此当劳方面临机会主义诱惑时，初期劳资合作率在无标度网络比小世界网络更加稳定，但随着机会利益的增加，一旦大度节点采取不合作策略，那么将会对合作率造成的严重破坏，呈断崖式下降。而当资方面临机会主义诱惑时，随着资方的机会利益诱惑的增加，特别是当机会利益 $E_u - b_u$ 为合作剩余 π 的 15 倍，将会对合作产生严重的破坏。

在 WS 小世界网络中，首先分析劳动者面对机会利益的诱惑时，劳资合作的演化规律。当资方机会利益 $E_u - b_u = 10$，劳方机会利益诱惑较小 $E_v - b_v = 2$ 时，劳资合作行为演化震荡上行，最后合作率趋近于 1；当劳方机会利益诱惑 $E_v - b_v = 4$ 时，劳资合作行为演化震荡下行，最后劳资合作率大约在 0.8；当劳方机会利益诱惑较大 $E_v - b_v = 8$ 时，劳资合作行为演化持续下行，最后合作率大约趋近于 0。其次，分析资本在面对机会利益的诱惑时，劳资合作的演化规律。当劳方机会利益 $E_v - b_v = 6$，资方机会利益诱惑较小 $E_u - b_u$ 为合作剩余 π 的 3 倍时，劳资合作行为演化持续上行，最后合作率大约在 0.75 左右；当资方机会利益诱惑 $E_u - b_u$ 为合作剩余 π 的 5 倍时，劳资合作行为先震荡上行，随后断崖式下降，最后合作率大约在 0.65 左右；当劳方机会利益诱惑较大 $E_u - b_u$ 为合作剩余 π 的 15 倍时，劳资合作行为震荡下行，最后劳资合作率大约 0.3

之间。

同时，当面临机会利益诱惑，与无标度网络相比，WS 小世界网络中网络合作率的波动更大，这是由于小世界网络两两节点连边更多，信息传递更快、更高效，于是劳资中一方为了获取机会利益而选择不合作策略的"声誉"在网络上迅速传播。更多的连边使受损的一方更容易选择退出，以不合作策略对抗另一方不合作策略，因此机会利益使合作率振幅较大。

结论 3：无论在哪种网络结构上，机会利益的诱惑都能够破坏劳资合作率，随着机会利益的升高，合作率会降低。当面临的机会利益诱惑较小时，机会利益对劳资合作行为基本无破坏作用。这是由于机会利益较小，劳方与资方没有动力选择不合作的策略。但随着机会利益的增加，机会利益对劳资合作的破坏作用随之增大。

结论 4：劳资关系拓扑结构的异质性会影响机会利益对劳资合作的破坏作用。面对机会利益诱惑，随机网络上的劳资合作率振幅最大，反映了劳资随机断边重连的特性。小世界网络上的劳资合作率振幅较大，反映了节点之间连边较多的用脚投票机制与信息传播快的声誉机制。在无标度网络上，由于出现劳动者大度节点的示范效应，当劳动者面临机会利益诱惑时，劳资合作率初期平稳，但会出现后期断崖式下降的可能；反而是资方在面临较大的机会利益诱惑时，会对劳资合作产生严重的破坏作用。

二 劳动自组织演化模型

笔者（2018）[1] 基于对 BA 模型的扩展，通过对劳动者（节点）的聚类系数、度分布、平均路径长度等指标分析，仿真模拟劳动自组织演化。模型假设在劳动者自组织演化过程中，随着新生劳动力

---

[1] 许清清、路兰、刘鹏程：《复杂网络视角下劳动自组织的演化路径与政府机制设计研究》，《山东社会科学》2018 年第 10 期。

节点的加入，网络规模逐渐扩大；劳动者之间的连接具有一定偏好，但又不完全服从度优先连接的原则；新进入劳动者也有很大可能与度较小的劳动者产生连接。因此，一个新进入劳动者与自组织内在位劳动者 i 相连接的概率 $\prod_i$ 为

$$\prod_i = \frac{k_i + \alpha}{\sum_j (k_j + \alpha)}$$

这里 $\alpha > 0$，在本书的具体算法中取 $\alpha = 1$。模型假设集群内劳动者关系网络所有连边的权重相等，即不考虑劳动者之间关系的强弱。在模型的演化构建上，从最初的 2 个劳动节点开始，每次新加入 1 个劳动节点，持续增加至 1000 个劳动节点。

1. 聚类系数

聚类系数刻画了集群的团化程度，即小团体特征。假设网络中的任意一个节点 i 有 k_i 个邻居，在没有自连接与重复连接的情况下，k_i 个节点之间最多有 $k_i (k_i - 1) / 2$ 条边，而这 k_i 个节点之间实际存在的边数为 E_i，则节点 i 的聚类系数 C_i 为

$$c_i = \frac{2E_i}{k_i (k_i - 1)}$$

整个网络的聚类系数 C 为网络中所有节点聚类系数的平均值。

$$C = \frac{1}{N} \sum_i c_i$$

仿真结果中节点的聚类系数主要分布在零点周围（图 3 - 16），表明了大多数劳动者没有凝聚能力来形成小群体，自组织网络结构也较为松散；只有少数节点的聚集系数较大，说明只有少数劳动者具有凝聚能力来形成群体。少数劳动者的聚集系数较大的原因有可能是因为劳动者本身的特质，例如信息渠道广泛，易于与其接近的劳动者产生连边；或者劳动者个体属性"胆大"等因素，愿意带领大家寻求群体利益。

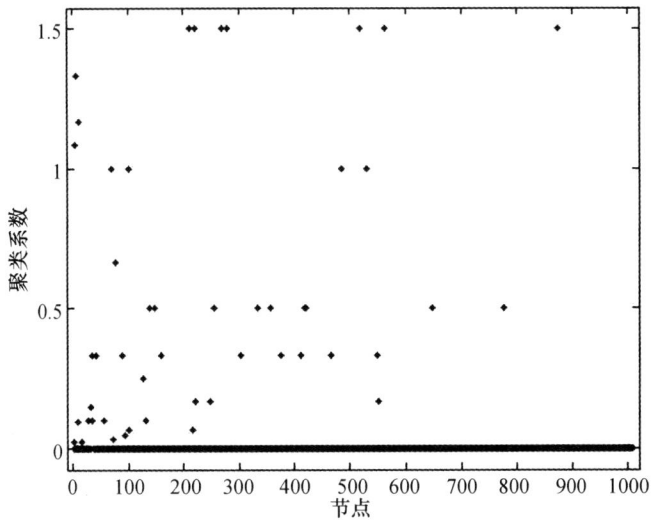

图 3 – 16　劳动节点的聚类系数

随着新生劳动节点的加入，劳动自组织网络的聚类系数逐渐增大（图 3 – 17），聚集特征越来越明显，表现为单个群体的聚集规模较大或者群体中聚集的数量比较多，但整个网络的聚类系数并非持续增加。在一定阶段后劳动自组织网络的聚类系数开始减小，网络的聚集程度减弱，结构开始变得松散。

2. 度分布

节点 i 的度 k_i 为与该节点直接连接的节点数目，分布函数 $P(k)$ 表示一个随机选定节点的度恰好为 k 的概率，$P(k)$ 来描述网络中节点的度分布情况，用于测量劳动者之间的信息交流程度，即

$$P(k) = \frac{\text{度为 } k \text{ 的节点个数}}{N}$$

仿真测试结果表明劳动者自组织的度分布满足幂律分布（图 3 – 18），意味着大多数劳动者之间的连边与信息交流的渠道较少；

100

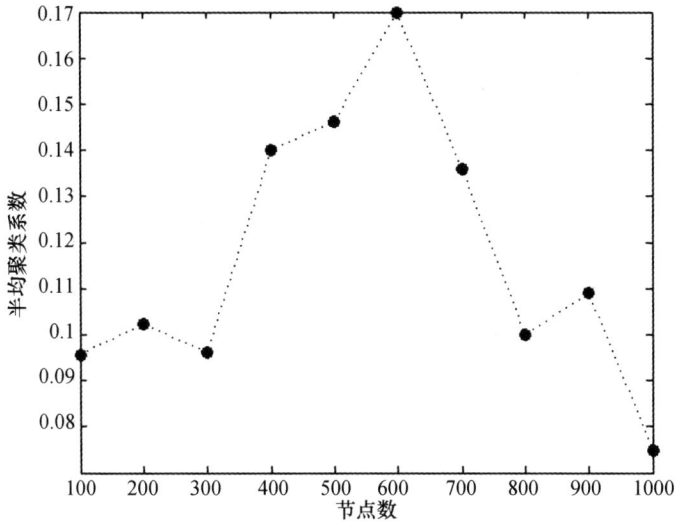

图 3 – 17 整个网络的聚类系数

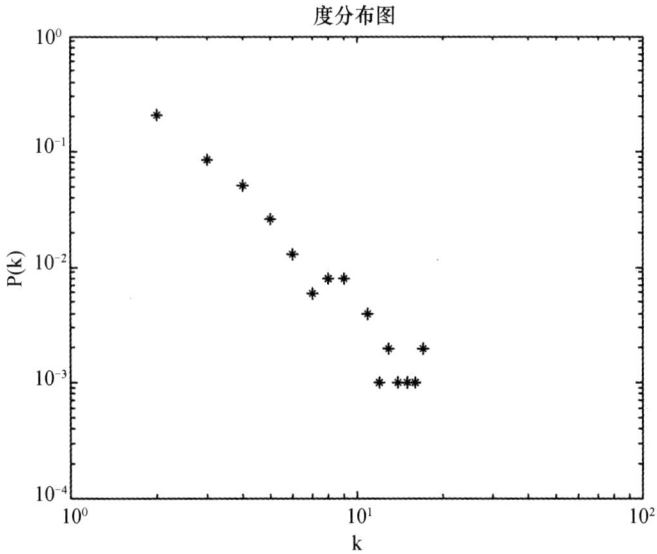

图 3 – 18 劳动自组织的度分布

只有极少数劳动者的连边与信息交流渠道多。满足幂律分布的原因在于大度节点的劳动者拥有比较丰富的信息，与大度节点的劳动者建立联系能够有较大可能获取尽可能多的信息，因而更多的劳动者可以通过大度节点比较容易地建立联系。

3. 平均最短路径

任意两个节点 i 和 j 之间的距离 d_{ij} 定义为连接这两点的所要经历的边的最小数。N 为网络节点总数，当不考虑节点到其自身的距离时，整个网络的平均路径长度 L 定义为所有节点之间距离的平均值，即

$$L = \frac{1}{N((N-1)} \sum_i \sum_j d_{ij}$$

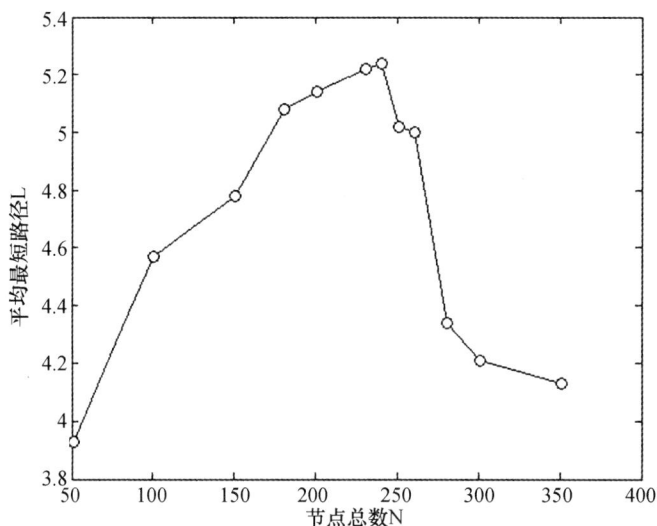

图 3 – 19 劳动自组织的平均最短路径

劳动自组织网络的平均路径长度 L 在一定程度上度量劳动者之间连接成本。路径越长，劳动者连接的成本越高；反之，路径越短，劳动者连接的成本越低。平均路径长度经历了先升后降的过程（图 3 – 19），原因在于当网络节点较少时候，劳动者搜索连接的成

本大，平均路径长；当出现中心节点的时候，很多劳动者通过中心节点来建立联系，大幅度减少整个网络的平均路径长度。由于网络的成长性与"择优连接"机制，这些中心节点逐渐演化成大度节点；与大度节点建立联系能够有较大概率获取信息。

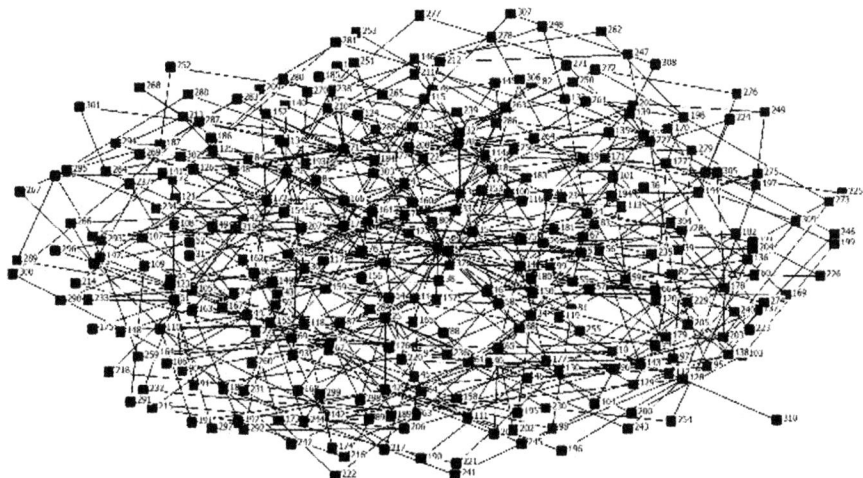

图 3 - 20　劳动自组织演化结构图

结论 5：劳动自组织会经历一个由动荡逐步趋于稳定的过程（图 3 - 20）。在劳动自组织初期，网络呈现出一种无序状态；由于劳动者之间缺乏了解，因此劳动者之间随机连边，建立连接的节点不多，聚类系数较低。在自组织发展与成熟期，共同利益诉求凝结了劳动者共同的价值判断，通过少数"中心节点"劳动者的信息流通，劳动者之间联系急剧增加，从而建立相对稳定的交流圈层，聚类系数升高。但当自组织内劳动者数量增加并达到一定量时，由数量带动其结构变化的趋势将变得非常缓慢。在自组织衰退期，由于技术的发展使劳动者连边成本降低，因此无须通过中心节点建立连接；从而聚集系数开始减少，网络的聚集程度减弱，结构变得松散①。

第五节　劳资关系演化机制

基于马克思劳资理论与演化思想，借鉴复杂网络的分析方法，分析劳资关系的演化机制。复杂网络为分析劳资主体之间的相互关系提供了一个新的框架。网络上的节点代表劳资主体，边代表各主体之间的关系。如果把马克思劳资理论放到复杂网络上，劳资关系就表现为劳资节点之间、劳动力节点之间、资本节点之间的非线性交互过程，并具有随时间、空间动态演化的特征。

一　动力机制

复杂系统内部要素的非线性相互作用是推动系统向有序发展的动力机制。因此，把劳资关系看成是一个劳资系统，那么劳资系统中劳动者与资本所有者之间的合作与冲突就构成了劳资系统中的动力机制。劳资主体的非线性相互作用，特别是劳资冲突打破了旧的劳资关系，促进建立新的劳资关系，从而使劳资关系从冲突向合作转化，并推动劳资系统有序地向更高一级复杂适应性系统演化，以及形成不同劳资关系结构。劳资关系结构演化是由于劳资节点的流动、长程边链接、断边重连等因素促进了网络结构的演化，从而使网络结构从随机网络向无标度网络、小世界网络、全局耦合网络演化。

其中，劳动者的聚集即劳动者自组织，又是促使劳资冲突向合作关系转换的最重要的动力机制。劳动者聚集形成劳动自组织，劳动者的聚集会改变劳资之间的力量平衡，从而改变利益分配规则与

---

① 谭劲松、何铮：《集群自组织的复杂网络仿真研究》，《管理科学学报》2009 年第 4 期。

劳资关系结构。伴随着剧烈的劳资冲突，劳动自组织从无组织到有组织的演化，并推动劳动与资本关系的平衡，使劳资关系从冲突走向合作。我们把劳动自组织演化划分为 5 个阶段：劳动自组织程度低→劳动自组织程度高→劳动自组织程度复杂化→劳动自组织衰退→劳动自组织消失。在资本主义生产过程中，与生产资料分离的劳动者被抛向了市场，表现为散点；但是社会化大生产为劳动者在生产过程中的合作建立了沟通、连边的渠道。劳动者被剥削的状态首先遭到了个体抗争，由于个体抗争无法改变自己的境遇，一部分劳动者开始聚集，自组织萌芽。在劳方自组织化初始期，劳动自组织程度低，劳动者随机连边发生在靠近的节点之间，连边且不稳定。在劳方自组织化中期，劳动自组织程度提高，劳动者之间连边稳定化，网络规模增大。随着集体行动规模的扩大，劳动者中心节点出现。通过中心节点，劳动者之间的连边更加稳定，信息的交流更加频繁，劳动自组织的聚集系数增加。在劳方自组织成熟期，新生劳动力节点倾向于与那些较大度节点相连接，形成了劳动自组织度分布的无标度性，劳资力量的平衡使劳资关系从冲突向合作转化。在劳动自组织衰退期，随着劳动自组织程度不断提高，组织分工更为明确；但高级人力资本从劳动自组织析出引起了劳动自组织的复杂化。由于劳资拓扑结构的改变，劳动自组织变得松散，劳资合作关系表现为分散合作关系。在劳动自组织消失期，由于劳资对立已经消失，劳动者没有聚集的需要，劳动者为了劳动而相互建立连边，因此节点呈现非聚集性互联。例如，发达国家美国和德国的劳动自组织演化都符合这一演化规律。劳动自组织曾在 20 世纪 40—80 年代到达组织规模的顶峰。英国工会密度 1979 年为 55%，德国 1960 年为 35%，美国 1945 年为 35.8%[①]；随后劳动自组织结构逐渐变

---

　　①　Toke Aidt, Zafiris Tzannatos. Trade Unions, Collective Bargaining and Macroeconomic perform-ance: A Review, Industrial Relations Journal, 2008, 39 (4): 258 – 295.

得松散。

二 突变机制

突变是指劳资系统中节点受到主观意识等因素的影响，在劳资的交互过程中采取了非常规策略。突变一般发生在产生关键变化的阶段或中心节点上，突变行为会对整个劳资系统产生颠覆性的影响。马克思认为资本对剩余价值的无限度追逐，一旦超过劳动力的承受能力，劳动者将会选择突变策略。在演化第一阶段，由于劳动者之间的连边不稳定，劳动力聚集程度不高，劳动力力量薄弱，因此在自发演化过程中，劳动力节点突变演化的可能性极小。但是，由于资本主义国家对外进行空间扩张，将直接引发被掠夺国家劳动者与外国资本的冲突。冲突使劳动者迅速聚集，于是在外国资本侵略的作用下，增大了被掠夺国家在第一阶段突变的可能性。在演化第二阶段，资方阻止劳动者的连边或者破坏劳动者中心节点的行为将会直接导致劳资群体冲突；如果劳动者的集体行动超出社会的承受能力，劳资关系还没能演化进入更高阶段，就已经用劳动者的革命、社会的动荡与更替来实现劳资系统的暂时平衡，因此存在着"突变式"演化的可能性。例如，1917 年的俄国正处于劳资关系演化的第二阶段，垄断资本主义与劳动者发生了激烈的劳资群体冲突；同时受资本空间外扩所导致的第一次世界大战的影响与马克思主义革命思想的感召，劳动中心节点发生了"突变"并推动了"十月革命"，从此开辟了人类探索社会主义道路的新时代。在演化第三、四阶段，生产进一步社会化与网络等关键性生产资源仍然被资本所掌握的矛盾，为制度的突变埋下伏笔。正如马克思所描述的"生产资料的集中和劳动的社会化，达到了同它们的资本主义外壳不能相容的地步。这个外壳就要炸毁了"①。

三　嵌入耦合机制

马克思运用历史唯物主义分析法，把劳资关系嵌入社会经济形态这个有机整体中去分析。嵌入耦合机制使劳资关系在不同的政治、历史、文化环境中始终保持动态均衡，最后演化成不同结构的网络，呈现出多样性的结构特点。劳资关系嵌入的诸多环境中，特别是政治环境对劳资关系演化的影响最为深刻。同时，劳资关系是研究资本间竞争关系、劳动间竞争关系、劳资与其他要素所有者的关系、文化意识形态与社会制度的基础，劳资关系演化引起资本积累的社会结构的不同，从而形成社会的多样性与社会形态的多样性。例如，受政治环境的影响，美国形成了"分散的工会组织与分散的资本"低位平衡的劳资结构；德国形成了"强大的工会与集中的资本"高位平衡的劳资结构（笔者，2016）。劳资关系嵌入耦合于不同的经济与社会制度内，形成了各国不同的劳资关系。如果劳资关系不能良好地嵌入，那么将会形成社会的倒退。例如，俄罗斯和东欧等国（除波兰外）在转轨后国家产值较转轨之前1989年的水平都出现了严重下降。究其原因是原有劳资关系的结构被政府强制解除，但由于缺乏符合市场经济的微观基础，新的以市场为导向的结构尚未连边建立；结果导致劳资结构坍塌后权力与资本主义结合，形成了权贵资本主义劳资网络结构。

四　多层级协同机制

马克思认为劳资关系不仅包括劳动子系统、资本子系统，还包括技术子系统、生产子系统等。劳资关系中各主体通过学习、模

---

① 马克思：《资本论》（第一卷），人民出版社2018年版，第874页。

仿、扩散等策略，使各个子系统之间互动，产生出超越各子系统单独作用的集体效应，从而形成互利共生的协同关系。正协同效应是由于集体利益的帕累托改进产生了"社会促进效应"；负协同效应是由于层级之间摩擦所导致的"社会堕化"。

马克思从资本无限度追求剩余价值的本性出发，研究了资本子系统对物质生产方式的强烈空间诉求。资本有在全世界范围内与生产要素连边的冲动，但是空间是其阻碍。打破生产方式的空间限制需要依靠一定水平的物质技术，从而资本对剩余价值的追逐表现为对技术的追求。技术子系统中技术分为两类，一类是替代性技术，改变生产要素的配比关系。在资本主义初期，主要表现为机器替代劳动力，另一类技术则引发了劳资合作结构的重构。技术子系统的变革不仅可以通过改变劳资主体生产要素的数量配比，还可以改变节点迁移的速度与区域，并利用长程边、断边重连等方面来改变劳资主体的聚集与空间结构。如工业革命加快了节点的迁移速度；电子技术、网络技术的运用使资本长程边突破了连边的区域范围，并使劳资断边重连匹配速度加快。

物质资料生产强制占有人和物存在的时间和空间，技术不断突破空间的限制，形成一种在时间上连续、在空间上继起的生产方式的空间结构演化。马克思阐释了"家庭作坊→行会手工业→工场手工业→机器大工业"生产方式的空间演化。生产方式的空间演化为劳资交往方式提供了条件，于是技术与物质生产方式的辩证关系就从外在的空间形式深入内在的社会关系层面。劳资关系就是在生产方式提供的空间中，劳动者与资本所有者相关产生关系，而技术则不断突破空间限制。技术的发展不仅让资本与劳资合作突破原有的空间的限制，还使网络结构从随机网络向无标度、小世界网络演化。无论是劳资节点的快速移动，还是劳资之间长程边的建立与劳资合作空间结构的重构，都会提高劳动与资本合作效率。但同时技术也会对原有的结构形成冲击。技术不仅会引起劳资节点的配比失衡而引发劳资冲突，还有可能因对原有劳资合作结构的冲击而加剧劳资冲突。一旦劳资冲突超出社会的承载力将引起社会的倒退。因此，政府必须引导劳动子系统与资本子系统适应技术的发展，并规避社会风险。

第六节　政府对劳资合作关系的机制设计

由于劳资系统并非一个完全自组织过程，劳资系统演化中政府的机制设计不仅可以引导劳资节点的生长与迁移，改变劳资关系结构；还可以平衡劳资关系并激发劳资主体的精神力量，同时减少劳资冲突引起的社会动荡。政府对劳资关系的机制设计关键在于政府能否激发劳资的自组织过程，能否激发系统内各成员适应性行为。

一　政府构建劳资合作关系的演化路径

劳资关系演化路径从非合作到合作阶段的转化，其关键在于劳资关系从不平衡走向平衡。如果劳资博弈是力量失衡的博弈，那么由劳资自发演化的结果是在大多数情况下陷入不合作的境地；如果劳资博弈是力量平衡的博弈，那么结果是在大多数情况下的劳资合作，我们认为这个结果才是符合有利益帕累托改进，并达到一个均衡；这个均衡使双方实现各自利益的满足，从而合作是稳定的。因此怎样形成力量平衡的劳资关系进入我们研究的视野。由劳资自主形成平衡力量的路径，充满着劳资冲突的不断找平衡的过程。因此，政府构建力量平衡的劳资关系可以加速劳资关系演化。

第一，政府在劳资个体冲突与群体冲突的第一、二阶段发挥平衡作用，注意保护劳动个体权利；规范劳动者连边的权利，引导劳动者正确连边，以防止劳资群体冲突发展为"突变式"社会冲突。

第二，政府发挥在劳资关系第三阶段的平衡作用。只要政府持续构建劳资力量平衡的框架，劳资双方一旦进入劳资力量平衡阶段，劳资合作便是常态。政府干预劳资力量平衡的手段主要有是否给予博弈主体地位、改变博弈主体的联盟程度与博弈结构来构建力量平衡的劳资关系。劳资力量的不平衡状态主要表现为资强劳弱。当资强劳弱时，为了增强劳方力量，首先可以明确工会博弈的主体地位，增加劳方的联盟程度，扩大工会的影响力和规模，通过利益吸引员工参与工会，通过工会的合并减少工会之间的竞争，通过员工参与管理提高力量；其次，对资方的实力进行制约，通过股权的分化制衡控股股东的行为，通过解拆管理者与控股股东的联盟来削弱资方的力量；再次，利用博弈级别来平衡力量，选择行业级别的博弈有利于劳动者对抗实力强大的资方。在第三阶段由于重大事件使劳资力量再次失衡并且无法在短时间内通过自平衡机制恢复到劳资合作状态，这个时候如果政府介入，可以加速回到平衡状态。

第三，政府在劳资关系演化第四阶段，发展网络信息技术，规范信息的传导，为劳资网络化合作创造良好的环境。政府可以激发劳动者的精神力量，促使从利益回报连边转向精神连边转化，以加速劳资关系演化。

二 政府设计劳资合作的空间结构

政府的机制设计使劳资组织内部产生势能和张力，从而强化、放大组织的运动和变化，因此对劳资网络的拓扑结构演化产生影响。政府设计劳资合作空间结构可以促进劳资合作。政府构建劳资合作空间结构的机制设计包括政府对劳资主体（节点）连边的添加、消亡、移去和限制；加点、加边、去点、去边，以及断边重连；聚类、最短路径等机制使劳资关系呈现不同的拓扑结构。

第一，发展技术。技术不仅可以改变劳资节点的配比关系，如智能化技术可以缓解劳动力节点增长减缓的压力；技术还突破劳资连边的区域限制，使劳资资源在空间中优化配置，以提高合作效率。

第二，政府运用人口政策诸如移民政策、计划生育政策、鼓励生育政策以设计劳动主体（节点）的增长速度，运用资本积累政策设计资本（节点）的增长速度。

第三，政府引导节点的移动，从而影响劳资关系结构演化。劳资节点的自主流动遵循工业化和城市化相伴随而行的规律。在工业化时期，劳动力从农业向工商业转移；政府可以根据区域经济发展状况，通过产业政策引导劳动力、资本节点在各个产业与区域进行转移。

第四，政府扩大节点的连边范围。当资本节点受限于技术只能局限于一定范围内与劳动点连边时，企业的规模也将受限。政府可以扩大劳资节点的连边区域，通过跨国公司与国际合作，建立资本与劳动的长程边，从而在全球范围内建立劳动与资本的合作。

第五，政府设计劳资节点的连边机制。计划手段、市场机制都是劳资之间的连边机制。政府或运用计划手段直接建立劳资连边，或运用市场机制引导劳资节点连接。首先，用计划手段直接引导劳资的连边，虽然其能快速地建立起区域的劳资空间结构，但是由于劳资合作的低效率使得劳资合作联盟（企业）因为利润问题而面临解体，因此计划手段只适合于中央系统能快速完美收集信息数据的特定时期运行。其次，用市场机制以利益引导劳资合作空间结构，劳资可以根据自身利益进行连边，其符合劳资主体的利益，从而激发劳资合作。

第四章

劳资关系演化路径的比较制度研究

发达国家的劳资关系演化是否符合劳资关系演化规律与路径？本章具体分析发达国家劳资关系的演化阶段，比较其与历史、社会的匹配性与缺陷；并拟证明各国政府主要通过平衡劳资关系与设计劳资节点生长、连边以及迁移来引导劳资关系演化路径和构建劳资合作空间结构的规律。

第一节　美国

相较于德国，美国劳资关系演化过程受到战争等外力因素的影响较小，其劳资关系演化路径受政府的干预较少，体现出劳资关系自发演化的路径特征；尽管如此，美国政府的机制设计仍然影响着劳资关系演化路径。

一　美国劳资关系演化路径

根据劳资冲突的激烈程度与劳动自组织程度来分析美国的劳资关系演化路径，发现美国劳资关系的演化路径符合"劳资个体冲突—劳资群体冲突—劳资合作"的劳资关系演化一般路径（图4-1、图4-2）。劳动者自组织（工会）演化符合从组织程度低向组织程度高的阶段演化，最后直至组织程度松散的演化规律，其演化路径为"工人激烈斗争—工会壮大—工会分散缩小"（图4-3）。

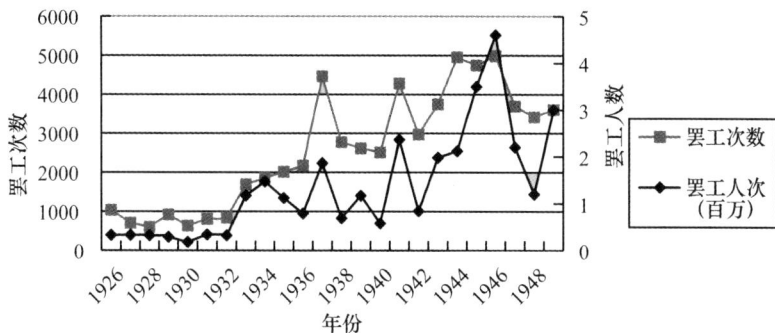

图4-1 美国历年罢工次数与罢工人数（1926—1949）

资料来源：[美] C. A. 摩尔根：《劳动经济学》，杨炳章等译，工人出版社1984年版，第488—489页。

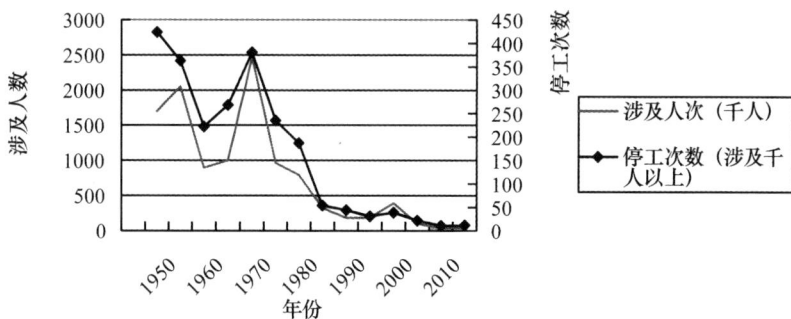

图4-2 美国历年工人停工事件（1000人次及以上）的次数与人数（1950—2015）

资料来源：OECD数据库http：//stats. oecd. org。

1. 劳资关系演化第一阶段（建国后至19世纪中期）

美国在建国之初，商品生产和交换就已经成为普遍的形式，劳动力已逐渐成为了商品；但由于美国仍然存在劳役制度与奴隶制度，大多数劳动者仍然被固化在公司和农场。特别是奴隶制，其使奴隶必须依附于奴隶主，奴隶对自己的收入、家庭、子女、配偶、

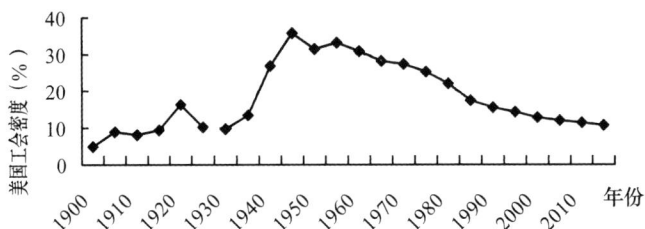

图 4 - 3　美国历年工会密度（1900—2020）

资料来源：［美］C. A. 摩尔根：《劳动经济学》，杨炳章等译，工人出版社 1984 年版，第 379 页与 OECD 数据库 http：//stats. oecd. org。

牲畜没有物权。除此之外，此阶段劳资冲突多为局部的个体冲突，集体冲突较少，劳动自组织程度低。在 1805 年费城鞋匠罢工中，师傅与雇工的利益冲突已经反映出典型的资方和劳方的利益分化。

2. 劳资关系演化第二阶段（19 世纪中期至 20 世纪上半叶）

资本的原始积累造成劳动者的日益贫困。为了生存，劳动者必须联合起来。其连边日益稳定，劳动自组织程度逐渐提高。在劳动自组织争取权利的运动中，劳资冲突多为局部的群体冲突，并且劳资群体冲突有愈演愈烈的趋势。1886 年麦考密克农具场罢工造成 10 人死亡和 50 人受伤；1892 年爆发了荷姆斯台德钢铁工人大罢工；1894 年爆发了普尔曼工人大罢工并造成了 25 人死亡和 65 人受伤的后果①。

3. 劳资关系演化第三阶段（20 世纪 30 年代至 70 年代）

随着劳资冲突的增加，劳动者加速连边聚集，工会会员人数激增，劳动自组织复杂化。工会密度从 1935 年的 13.4% 持续增长到 1945 年的 35.8%，形成了美国工会史上的巅峰（图 4 - 3）。集聚的劳动者形成强大的力量与资方抗衡，劳资冲突趋于顶点。1926 年劳动者罢工次数 1035 次，涉及罢工人数 33 万人；1946 年罢工一度

---

① ［美］C. A. 摩尔根：《劳动经济学》，杨炳章等译，工人出版社 1984 年版，第 372 页。

到达峰值，罢工次数 4985 次，涉及罢工人数 460 万人（图 4 - 1）。激烈的劳资冲突使一部分资本家不得不放弃传统的镇压策略，转而与劳动者寻求集体谈判。罢工成为劳动自组织与资本谈判的威慑手段，只有等劳资谈判破裂才出现罢工，而不像最初频繁地爆发，因此劳资冲突在达到顶点之后开始逐渐下降。从 70 年代开始，劳资集体冲突急剧减少，并呈断崖式下降。

4. 劳资关系演化第四阶段（20 世纪 80 年代至今）

自 20 世纪 80 年代开始，劳资集体冲突不断减少，并且趋于稳定，但劳动自组织分化却很严重。工会密度从 1945 年的 35.8% 持续下降到 2014 年的 10.7%，劳资冲突在达到顶点之后开始震荡下降。据美国劳工局统计，集体停工事件（涉及 1000 人次及以上）从 1950 年的 424 次、涉及人数 169.8 万人次减少到 2015 年的 12 次、涉及人数 4.7 万人次（图 4 - 2）。劳资自组织结构变得松散，一部分原因是由于高级人力资本的析出，更重要的原因是由于政府拆解了劳动自组织，使劳动自组织分散与缩小。

二　美国劳资关系演化路径的政府机制设计

美国劳资关系演化进程没有被两次世界大战中断，劳资关系自发演化倾向较强；尽管如此，政府干预劳资关系的路径还是相当明显。

表 4 - 1　　　　　美国工会密度与谈判覆盖率（1970—2000）

	工会密度				谈判覆盖率				博弈级别	博弈协作
	1970	1980	1994	2000	1980	1990	1994	2000	1980—2000	1980—2000
美国	23	22	16	13	26	18	18	14	企业级别	低度协作

资料来源：Toke S. Aidt, Zafiris Tzannatos, "Trade Unions, Collective Bargaining and Macroeconomic performance：a Review", *Industrial Relations Journal*, 2008, 39（4）：266, 及 Flanagan, "Macroeconomic performance and collective bargaining", *Journal of Economic Literature*, 1999, (9)：1153。

（一）劳资关系演化第一阶段

自由的劳动力是劳动者连边的充分必要条件之一。1775 年美国独立战争与 1820 年劳役制度的废除，解放了劳动力（奴隶除外）。同时，由于美国建国历史的原因，政府从建国之初就没有否认工人连边的权利，因此工人能够顺利连边。最初，劳动者之间的连边是基于生产技术活动而产生的，连边具有偶尔性与暂时性。政府由于担心工会的壮大会妨碍资本家完成原始积累，因此把工会寻求提高工资和改善工作条件的罢工归为犯罪。这些措施使工会无法进一步以利益来吸引工人，从而减少了劳动者连边的稳定性，阻止了劳动者自组织的壮大。

（二）劳资关系演化第二阶段

1865 年奴隶制度的废除打破了原有的人身依附关系，使劳动者全面自由流动起来，为劳动者扩大联盟创造了条件。面对劳动者聚集规模与组织规模的扩大化，政府普遍采取"劳工禁令"来禁止各种罢工。政府站在资方的立场压制劳动自组织的发展，反而导致了劳资冲突的规模、频率和持续时间的加剧。劳动者在区域性工会的基础上建立了全国性工会，形成了更统一的战线[①]。从美国的历史发展来看，虽然最初劳动者从无连边关系到建立连边没有受到法律的禁锢，但其劳动自组织从无组织到有组织并同时寻求权利的过程却伴随着剧烈的劳资冲突。政府压制劳动自组织的扩大，不仅延长了劳资冲突的历史，还推迟了劳资关系进入第三阶段即劳资关系平衡阶段的进程。

---

① William B. Gould, *A Primer on American Labor Law*, The Massachusetts Institute of Technology, Cambridge, 1982: 12–19.

（三）劳资关系演化第三阶段

日益壮大的劳动自组织与激烈的劳资冲突，促使政府不得不对劳资关系进行调整。1935 年罗斯福政府颁布了《国家劳工关系法》（或称瓦格纳法）。自上而下的顶层设计顺应了民意，赋予了劳工组织工会进行罢工和集体博弈的权利，使处于弱势地位的劳动者可以用集体的力量与资方抗衡。同时，工会的组织结构也发生了巨大的变化，几乎所有的工会组织都有明显加强集权的趋势。工会不但变成了"美国最强有力的经济组织"，就工资、工时和工作条件及福利保障直接与雇主进行博弈；而且筹集金钱与选票支持为工人利益说话的总统候选人。至此，"资强劳弱"的不平衡状态暂时得以平衡。

在此阶段末期，随着劳动者自组织的日益强大，劳资双方又出现新的不平衡。为了保障资方的权益，美国政府开始制约工会的发展。1947 年《劳资关系法》（《塔夫脱—哈特莱法》）出台，其目的是限制工会的继续壮大。在这部法律中，政府扩大了美国法院限制工会的权力与雇主控告工会的能力，并鼓励多工会的竞争以限制工会的发展。于是，美国劳资关系演化形成了"分散的资本"与"分散的企业工会"（有些产业除外）的平衡，其博弈级别为企业级别[1]。美国政府从 20 世纪 30 年代放松了对劳动自组织的限制，到 40 年代又分化了劳动自组织，反映了政府干预劳资关系演化的路径。

（四）劳资关系演化第四阶段

20 世纪 80 年代至今，政府对工会的分化措施不仅延长了劳资

---

[1]　许清清：《构建劳资合作关系新常态的路径选择》，中国社会科学出版社 2016 年版，第 10 页。

群体冲突的历史，还使劳动自组织过早地走向分化与衰退。劳动自组织过早的衰落使美国劳资关系从第二次世界大战后的调节型主义过渡到新自由主义，即资本对雇佣工人的全面控制。劳资关系发生了显著变化：第一个变化是由于资本家和工会之间的集体谈判关系遭到瓦解，工资和工作条件从由劳资双方谈判决定变成由市场力量决定；第二个变化是由于集体议价遭受侵蚀带来雇佣工作临时化，大量的工作开始成为了"灵活的劳动力市场"兼职性或者临时性工作。基于资本主义制度的"灵活的劳动力市场"对资本家和工人具有不同的意义。"灵活"对资本家意味着可以自由确定就业条件；"灵活"对雇佣工人却意味着不得不接受资本家提供的任何条件。资本对工人全面控制的后果表现为工会力量被削弱、实际工资保持停滞、收入差距拉大以及公司管理层收入飙升①。由于工人阶级在劳动自组织壮大过程中凝聚共同信仰，是正反馈机制由利益机制转到精神机制的关键，而美国工人阶级过早的衰退与分化不仅使工人阶级为共同利益奋斗的目标模糊，还使其很难成为制度变革的主体，因此，美国劳资关系演化遇到一个质的问题，即难以向第五阶段即劳动和谐合作阶段演化。

三　美国劳资关系空间结构演化

美国劳资关系的空间结构遵循劳资关系演化规律：劳资个体冲突阶段（星状网络、随机网络）→劳资群体冲突阶段（星状网络、随机网络）→劳资初级合作阶段（无标度网络、小世界网络、层级网络）→劳资高级合作阶段（小世界网络、无标度网络）②。在现阶段，美国劳动关系还没有演化到劳动和谐合作阶段，因此还不存

---

① Kotz D M, *The Rise and Fall of Neoliberal Capitalism*, Cambridge：Harvard University Press, 2015.

② 注：在劳资演化的每一阶段，本书所示的网络结构是在这一阶段主要存在的结构，但并不表示不存在其他的网络结构。

在全局耦合网络。

（一）劳资关系演化第一阶段

在此阶段，劳资关系结构符合随机网络与星状网络的特点。劳役制度的破除解除了劳动力（除奴隶外）对土地的人身依附，使之成为能自由地与资本连接的节点。第一次工业革命使自由得一无所有的劳动力只能进入工厂，劳动者可以选择被哪个资本家雇佣，完全是随机与资本连边，却逃不掉受雇于整个资产阶级的命运。因此，劳资关系随机连边，最后却形成了以资本节点为中心、劳动力节点围绕资本节点的星状网络结构。

在此阶段，劳动自组织的结构符合随机网络的特点。劳动者在地域位置邻近的范围内随机连边；同时，劳动者之间的连边时间、区域都是随机的，并且按一定的概率发生或不发生。费城和纽约都存在全市范围的行业工会委员会。由于劳动者连边随机且不稳定，因而劳方自组织程度低，网络结构为随机网络结构。到1860年，只有约5000名工人属于今天所称的工会，而通过工会集体行动来改变劳动者境遇的概率几乎为零。

（二）劳资关系演化第二阶段

在此阶段，劳资关系结构仍然符合随机网络与星状网络的特点。与第一阶段的星状网络、随机网络相比，随机化连边中生长出了长程边。此时，劳资连边更长，受雇的劳动者更多，企业规模更大。由于束缚劳动力流动的奴隶制度被彻底瓦解，劳动力可以自由流动；加之交通运输业的发展增加了劳动力的流动性，劳动者自由地从低工资地区迁移到高工资地区，但是劳动力的自由迁徙与不得不被资本雇佣的不自由相对应。电力技术让公司逐渐突破了企业区域选址的限制，又由于海外市场的大幅扩张增加了对产品的需求，于是在 1870—1900 年间出现了垄断公司。由于单个企业及其管理组织规则变化不大，因此集中在这些垄断制造中心的劳动力与资本的关系仍然表现为星状网络。

在此阶段，劳动自组织结构符合星状网络的特点。由于劳动者中心节点的涌现使劳动者之间的信息交流增加，劳动者之间的连边更加稳定，劳动自组织的聚集系数增加，劳动自组织程度提高，网络规模增大。1886 年，一个关注基本民生问题的组织——美国劳工联合会（American Federation of Labor）最终成立。从此，以工会为中心节点的劳动者联合起来，劳动者之间的连边更加稳定，劳动自组织的聚集系数增加，劳动自组织程度提高。对于劳动者的中心节点，资方或阻止劳动者的连边，或破坏中心节点。然而，面对资方阻挠，劳动者中心节点不断涌现，劳方网络结构日益扩大。

（三）劳资关系演化第三阶段

在此阶段，劳资合作结构符合无标度、小世界、层级网络的特点。第二次世界大战后，资本节点的跨国流动形成跨国公司，其突破了资本与劳动者连边的地域限制，与全世界范围内的劳动者连边。因此，劳资合作关系形成了具有大度节点的无标度网络。并且，总公司与分公司之间的层级关系形成了劳资合作的层级网络。

在此阶段，劳动自组织的结构符合无标度、层级网络的特点。技术的发展使劳动力节点的迁移速度加快，连边范围更大。1866 年，美国劳工联合会作为中心节点，举行了第一次会议，为劳工谋求权益。"择优连接"机制使新加入的劳动者倾向于与度分布较大的工会优先连接，因此劳动自组织呈现无标度特性。随着连边的收益报酬递增效应推动劳动者之间连边固定化、常态化，劳动自组织人数规模达到群体的极值，劳动自组织程度不断提高，组织分工更为明确。工会构建了"企业工会—行业工会—总工会"

的层级结构。劳资双方尝试通过集体谈判来解决劳资冲突问题，企业工会在劳资谈判中发挥谈判主体作用，劳资群体冲突在达到峰值后开始减少。随后，日益强大的工会与资方产生了新的不平衡，于是美国政府在20世纪60年代采取了分解工会的措施。多工会竞争的局面打破了原有工会的层级结构，行业工会与总工会的领导力量被削弱。

（四）劳资关系演化第四阶段

在此阶段，劳资合作结构符合小世界网络、无标度网络的特点。网络技术的发展使劳动力节点与资本连边日益网络化、社会化，并形成了具有较短平均路径长度与较高聚类系数的小世界网络。但是基于资本主义制度，资本强化其作为大度节点的作用，无标度网络属性仍然较强，这与生产日益社会化产生了更深层次的矛盾。

在此阶段，劳动自组织的结构符合小世界网络的特点。信息技术发展为组织结构扁平化提供了技术支持，组织的内在秩序、规则与结构开始重构。劳动自组织程度松散，网络结构开始分层、分化。劳动者不必通过大度节点进行信息传递，劳动者之间通过网络连边增加。高级人力资本从工会中析出组建行业协会，劳动自组织继续分化，原先紧密的结构变成具有无数个团的松散结构。

四 美国劳资关系空间结构演化的政府机制设计

（一）劳动力节点生长的政府机制设计

第一，扩充劳动力节点数量的政府机制设计[①]。美国建国之初，

---

① ［美］休斯、凯恩著：《美国经济史》，邸晓燕、邢露译，北京大学出版社2011年版，第52页。

国内总人口虽有 390 万，但相对于广袤的土地，仍然是地广人稀。仅靠人口的自然增长将会极大地制约经济的发展。因此，美国政府根据经济发展需要，结合劳动力出生率、死亡率来实行不同时期的移民政策，以填补劳动力空缺。从劳资关系演化的第一阶段到第四阶段，移民政策以"限制移民转向到吸引移民—自由移民与调整移民人口结构—限制低端劳动力与选择高级人力资本的移民—选择移民"的路径实现转化。在不断开拓疆土和工业化过程中，政府鼓励移民的措施解决了 19 世纪上半期劳动力极度短缺问题；后又经过三次移民高潮，使美国人口总数在 1920 年首次超过 1 亿。随着工业化的实现，经济发展需要劳动技能和文化水平较高的移民，美国政府遂对移民人口结构与质量做出调整。

第二，提高劳动力节点质量的政府机制设计。从劳资关系演化的第一阶段到第四阶段，教育政策按照"加大教育投资—平衡教育投资—引进高级人力资本—重点进行职业培训"的过程实现转化。美国政府强力介入了教育领域，不仅解决了教育投资中存在的"市场失灵"问题，还平衡与缩小了区域经济发展的差距。

（二）劳动力节点迁移的政府机制设计

美国政府通过改变劳动者的经济利益预期来引导劳动力的迁移，以此构建劳资关系的空间结构。在劳资关系演化第一阶段，工业革命引导劳动力实现"农村—城市"迁移；同时，政府倡导的西进运动引导劳动力"从东到西"迁移。劳动力一股朝着大湖平原区迁徙，开拓俄亥俄河以北区域，一股朝着濒临墨西哥湾的平原地区迁徙。

在劳资关系演化第二阶段，政府大力完善铁路、公路、运河与内河航线交通网络，加快了劳动力向西部地区的转移速度。西部开发以交通运输业为先导，以土地优惠政策为激励，以农牧业为主要产业指向，引导劳动力诸如投资者、移民、拓荒者到落后的西部地区进行区域开发。

在劳资关系演化第三阶段，虽然人口自东向西、由北向南、由乡村进入城市的趋势依然如故，但政府引导劳动力开始从线到面的全范围迁徙。相较于 19 世纪铁路所带来的劳动力以线的方式迁移，全国高速公路网的铺开驱动劳动力以面的范围迁移。同时，政府对西部进行了第二次大开发，其不仅给迁移户发放迁移补贴费与住房补贴费，还直接对其进行培训，并为其提供就业机会。

在劳资关系演化第四阶段，随着信息技术的发展，劳动力不但出现迁移速度减缓的现象，而且还呈现出迁移方向的多元化与分散化。由于信息革命、交通的便利、办公手段的自动化，劳动者不用迁移也可以和资本连边，因此人口迁移速度呈下降趋势。中心城市向周围辐射，形成了围绕中心城市的卫星城市，于是劳动力迁移的方向朝多元化和分散化方向发展。

（三）资本节点生长的机制设计

第一，在劳资关系演化第一阶段，资本节点通过剥削劳动力来进行原始积累。美国政府不仅默许资本强迫劳动者超出劳动时间和提高劳动强度来进行生产，还以法律的手段压制工人的反抗，从而为资本节点的快速积累提供条件。在吸引外资补充本国资本方面，政府一直保持积极的态度。截至第一阶段末期，外资占比已达 15%，其中英国为外资的主要来源。

第二，在劳资关系演化第二阶段，单靠资本节点自我增值扩大资本规模的速度较慢，于是资本节点之间开始兼并重组。19 世纪末，摩根、洛克菲勒、卡耐基等集团兼并了小型资本节点，形成了垄断。针对资本节点的垄断问题，美国政府对大家族进行了拆解，不仅用《谢尔曼反托拉斯法》限制资本之间的共谋垄断，并且还拆解了垄断资本规模，如将美国洛克菲勒标准石油公司拆分为 34 个独立石油公司[①]。同时，由于国内储蓄无法满足部分资本的扩张需求，因此企业谋求在国外资本市场上筹集资金，如在伦敦证交所发行债券。

第三，在劳资关系演化第三阶段，反垄断法使大家族被日益消解，迫使资本的壮大不能靠内源融资，而只能求助于金融市场，于是金融机构繁荣起来。美国政府积极发展金融市场，但却禁止金融机构持有企业的股份，因此进一步减少了金融机构等控制性大股东，从而使企业在规模扩大的同时减少了能控制企业的控股股东。同时，政府对于落后地区资本节点的生长实施了经济扶持与政策倾斜，不仅给予财政补贴和税收优惠，还为其提供资金支持，包括贷款担保、贷款优惠及加大投资等。

第四，在劳资关系演化第四阶段，证券市场繁荣不仅使企业股东更为分散，而且还扩大了企业的资本规模。同时，对于落后地区的资本生长，美国先把受援地区划分为几个较大的开发区，再在开发区中培育增长极以发挥极化效应，促进这一区域的发展。美国把政府投资作为资本中心节点，从财政、税收、金融和投资等各个方面对不发达地区开发继续实行"增长中心"战略。

（四）资本节点迁移的机制设计

第一，在劳资关系演化的第一阶段，由于技术条件约束，资本节点的迁移主要依赖资本所有者的迁移。为了解决资本空间区域不平衡问题，政府引导劳动者去开发荒原，并赋予了西进的劳动节点以创业的物质资本——土地。

第二，在劳资关系演化的第二阶段，政府在开发西部的同时，

---

① 许清清：《劳资关系相对平衡的演化路径分析——基于政府行为选择的视角》，《现代经济探讨》2015 年第 11 期。

在东部全力发展工业和商业，从而使东部发达地区的工商业同西部地区的农业、牧业和矿业结合起来，形成了整个国家的经济全方位发展的格局。

第三，在劳资关系演化的第三阶段，政府相继推出了一系列优惠政策以吸引资本去西部、南部地区，其不仅建设基础设施为劳资主体流动提供基础，还培训科技、管理人员与工人以提高人力资本，并且为企业提供资金资助与税收优惠。同时，美国政府为了推动跨国公司在全世界的布局，在资金、财政税收、海外投资保险等方面给予了政策支持。

第四，在劳资关系演化的第四阶段，美国政府不仅利用其在国际经济机构中的霸主地位，改善跨国公司在海外的投资环境；还对本国跨国公司的海外投资提供外交支持与保护。同时，美国政府利用美元作为世界货币的地位，通过利息的调节，让资本流出美国或者流回美国，达到收割全球的目的。

（五）劳资节点连边的机制设计

虽然市场中的要素主体不会直接相互交流去寻求某些协调性策略，也不知道博弈的结果是效率的还是非效率的，但要素所有者致力于一种策略性博弈行为，使市场机制以一种以较小或者零交易成本的代价实现要素合作的途径①。因此，美国主流经济学无论是从最初新古典自由主义到凯恩斯主义，再到新自由主义的转变，市场作为劳资生产要素基础连边机制的地位没有改变；但在不同的阶段，市场机制表现出的模式不同。在劳资关系演化第一、二阶段，美国奉行古典自由主义与新古典自由主义。劳动力市场的完全竞争状态使劳动力原子化，从而相较于资本处于弱势地位。劳资之间的

---

①　［美］何维·莫林：《合作的微观经济学：一种博弈论的阐释》，童乙伦、梁碧译，格致出版社 2011 年版。

市场化连边机制为资本剥削劳动力完成原始积累奠定了基础。在劳资关系演化第三阶段，美国奉行凯恩斯的国家调节主义。在工人运动的推动下，劳资连边机制从自由市场的模式也逐步转变为产业关系的调整模式。政府以集体劳资关系的构成和调整作为劳工政策的重点。在劳资关系演化第四阶段，美国奉行新自由主义，重新颂扬无拘无束的市场关系，贬损政府对经济的干预，劳动关系从调节模式又转变到自由市场模式。市场关系和市场力量的极大扩张，成为内嵌于新自由主义的核心原则，给劳资节点连边带来了重大的转变。劳资关系调整方式由集体劳资关系调整为主转变为更注重市场个别劳资关系调整，传统的产业关系模式逐步转变为更为广泛的市场劳资雇佣关系模式。市场连边机制直接或间接强化了资本对雇佣工人的全面控制。随着资本主义从"调节型"转向以市场力量和市场扩张为内核的"新自由主义"，资本对雇佣工人的控制增强[①]。

第二节　德国

一　德国劳资关系演化路径

由于德国的工业化晚于英国与法国，因此德国政府设计了用来快速赶上竞争对手的劳动关系；又由于德国受战争的影响较大，战争屡次使劳资关系民主化进程中断，因此德国社会民主的呼声也异常高涨。为了使战后能快速重建和维持国内社会秩序平稳，德国劳资关系演化一直伴随着政府的"父权"。

（一）劳资关系演化第一阶段（19 世纪初至德意志第二帝国）

19 世纪 30 年代，在欧洲工业革命浪潮的冲击下，德国开始了

---

① Kotz D M, *The Rise and Fall of Neoliberal Capitalism*, Cambridge：Harvard University Press, 2015.

工业革命。德国的经济结构与社会结构发生了巨大变化，机器制造业初步建立并迅速发展。"容克"地主通过赎买，掠夺了农民的大量赎金与土地，逐渐把庄园改造为雇佣劳动和使用机器的资本主义农场。"普鲁士式道路"的农业资本主义为整个工业发展提供了廉价劳动力；同时，德国纺织业的兴盛又迅速吸收了大批来自农村的劳动力。德国为了完成对英法等国的赶超，对工人的压榨尤为严重。1865 年，德国工人平均工资比英国低 38%，比美国低 77%，比法国低 20%[1]。因此，在此阶段德国劳资关系承受着比美国更大的劳资冲突压力。同时，民族统一问题又与劳资问题交织在一起，民族民主运动与无产阶级社会主义运动风起云涌。1869 年，德国罢工次数为 130 次；1872 年罢工次数飙升至 250 次。

（二）劳资关系演化第二阶段（德意志第二帝国——第二次世界大战）

1871 年德意志第二帝国建立之后，工人运动日益高涨。劳动自组织在地下斗争中结成了紧密的"卡特尔"组织。但是，德国劳资关系进程很快就被第一次世界大战所中断。一战的战败不仅削弱了资本的力量，同时加剧了工人的聚集程度。德国不仅建立了德意志历史上第一个民主共和国——魏玛共和国；而且在战后的 1919 年，德国组建了全德工会联合会（Allgemeiner Deutscher Gewerkschafts-bund，简称全德工联 ADGB）。异常强大的工人联盟使工会运动的权利和实际基础也有了扩展和加强。在 1919—1923 年期间就有17% 的就业人员参与了罢工。面对强大的工会，资本家与劳工达成妥协，并在企业层面上建立了企业共决制度，这加快了劳资关系进入劳资关系平衡阶段[2]。

---

① 樊亢：《资本主义兴衰史》，北京出版社 1984 年版，第 132—133 页。

② 注：企业共决制度本应该是出现在劳资关系演化第三阶段的特征，但其在第一次世界大战后的民主运动刺激下应运而生，随后又由于经济复苏的艰难而昙花一现。

战争赔款的沉重包袱与 20 世纪 30 年代的经济危机使德国经济复苏举步维艰，国家强制调解劳资关系逐步取代劳资自主谈判机制。1933 年希特勒上台后，推行国家自上而下地安排劳资关系并强行解散全德工联。借入的华尔街资本暂时提高了企业福利，福利的改善掩盖了劳资矛盾，从而劳资冲突减缓。但是，劳动者却失去了组建利益代表组织的权利。

（三）劳资关系演化第三阶段（第二次世界大战后至 20 世纪 70 年代）

1945 年纳粹极权制垮台，德国摒弃了政府强权，产业民主运动风起云涌。1949 年的德国工会联合会（DGB）再次成立。工人纷纷加入工会，使工会力量十分强大。此阶段，德国不仅工会密度非常高，每年都保持在 30% 以上（图 4-5）；集体谈判覆盖率也高，最高达到 85%（图 4-7）。相较于同期其他西方国家，德国劳资冲突较少，劳资关系平稳。虽然劳资冲突处于下降趋势，但不排除在个别年份中，因为某些原因而激化劳资冲突。由于存在劳资谈判机制，这种微小的偏离劳资平衡的状态很快又回到了劳资平衡的正轨上来。这一阶段劳资双方形成的劳资平衡关系奠定了德国劳资关系未来发展的方向。

（四）劳资关系演化第四阶段（20 世纪 80 年代至今）

从 20 世纪 80 年代开始，经济及国际环境的变化打破了原有的劳资平衡关系。面对激烈的国际竞争，工会"从摇篮到坟墓"的福利倡导使德国失去了原有的竞争优势。为了让企业能轻装上阵，政府出台了约束工会的措施。同时，由于高级人力资本的析出，工会开始分化。在工业革命时期，工会主要由制造业工人或者是产业工人构成。从 20 世纪 80 年代起，企业员工的构成发生了分化，知识工作者逐渐成为企业员工的主体。知识工作者的人力资本含量高，

罢工次数

图4-4 德国劳资斗争与罢工情况（1900—1933）

资料来源：［德］米夏埃尔·施奈德：《德国工会简史》，张世鹏译，中国工人出版社
1992年版。

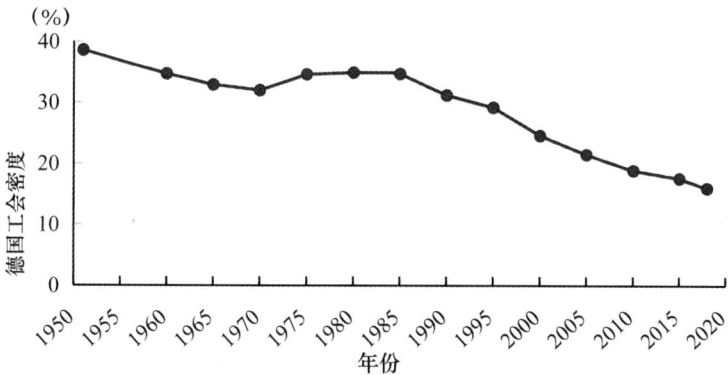

图4-5 德国历年工会密度图（1950—2020）

资料来源：OECD数据库http：//stats. oecd. org。

其谈判力比工人高，因此其从以体力劳动为主的工人联盟中析出。
知识工作者的分离不仅使工会会员减少，还使工会覆盖率迅速下降
（表4-1）。工会覆盖率的下降，意味着工会无法像以往那样团结

成为一个统一的集体，因此在劳资谈判中的谈判力明显下降。工会密度从战后最高50%左右下降到1990年的31.2%，再到2018年的16%（图4-5），集体谈判覆盖率由1990年的85%下降到2016年的56%（图4-7）。工会与经济发展疲软中的资本开始重新平衡，谈判的模式也发生相应的变化，从集中的集体谈判向非集中化发展。

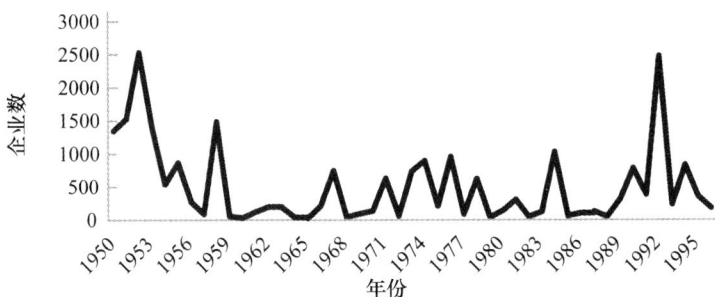

图4-6　德国罢工涉及企业数①

资料来源：［德］瓦尔特·缪勒-延奇、彼得·依特曼《德国劳资关系1950—1999：数据、时序及趋势》，张网成、黄斌译，知识产权出版社2013年版。

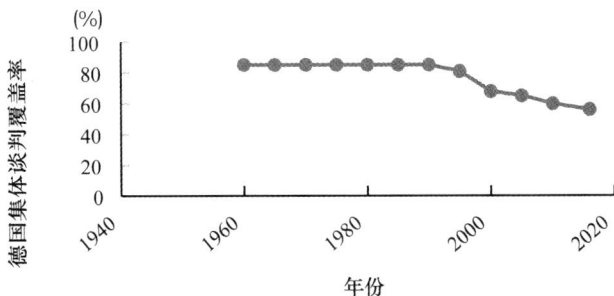

图4-7　德国历年集体谈判覆盖率

资料来源：OECD数据库http://stats.oecd.org。

---

① 注：联邦德国统计部门不再计算罢工次数，这和以前的做法不一样。因此这一阶段，我们用罢工涉及企业数来反映劳资冲突的程度。此表只反映了联邦国及统一后原联邦德国地区。

表 4 - 1　　　　　1993—2003 年德国几大工会联盟会员人数的变化

工会名称	1993 年	1998 年	2003 年	1993—2003 年的变化
德工联	10290000	8311000	7363000	- 28. 40%
公务员联盟	1079000	1184000	1224000	13. 40%
基督教工会联盟	311000	303000	307000	- 1. 30%
总计	11680000	9798000	8894000	- 23. 90%

資料来源：Mark Carley："Trade union membership 1993 - 2003"，EIRO. ID：TN0403105U，2004 - 05 - 21，转引自李丽林、陈力闻：《20 世纪 90 年代以来德国劳动关系的变化》，《教学与研究》2010 年第 1 期。

二　德国劳资关系演化路径的政府机制设计

(一) 劳资关系演化第一阶段 (19 世纪初——德意志第二帝国)

德国农奴制度的改革解除了德国劳动力的封建人身依附关系，为劳动者可以被资本雇佣提供了条件。在 1848 年革命中，资产阶级首次提出成立"工厂委员会"与"工厂代表会"等劳资共决组织，但这种变革并未获得政府的支持。因此，在政府的阻挠下，劳资关系变革只能处于个别的、零星的与非法的状态中。

(二) 劳资关系演化第二阶段 (德意志第二帝国——二战末)

在德意志第二帝国时期，为了缓解劳资矛盾，政府开始出面协调劳资关系。政府对劳工采取的是软硬兼施的政策。俾斯麦政府一面打击劳工运动，一面推出了广泛的劳工保险制度，如《疾病保险法》《工伤保险法》《养老、残疾、死亡保险法》。随后，威廉二世颁布了一系列劳工保险法，试图通过保险法来安抚工人情绪以消除劳工运动的威胁；但其却始终没有赋予工人组成工会的权利。并且，威廉二世屡次以《颠覆法案》或《监禁法案》威胁、阻止结盟的工人。

在第一次世界大战期间，劳动组织实行军事化管理。第一次世界大战的战败使工人运动异常高涨，工人联盟异常强大。政府不得不顺应历史潮流，推行国家福利政策，承认工会的合法地位，承认工会有权进行集体合同谈判。魏玛共和国时期，《企业代表会法》(1920) 首次在德国全面推动"企业劳资共决模式"，其不仅确立了"劳动权"思想，并且改变了企业内部的权力结构。这种劳资关系变革基本延续了社会改良思想。在社会改良思想下，工会组织逐步放弃阶级斗争思想，企业家利益团体放下"企业主人"的架势。因此，魏玛共和国的机制设计已经把德国的劳资关系推向了第三阶段。

魏玛共和国后期，劳资关系不断恶化，国家用强制调解逐步取代了劳资自主谈判机制。自纳粹上台后，德国劳资关系民主进程中断。1933 年希特勒推行了国家自上而下安排劳资关系。1934 年《民族劳动秩序法》中"企业共同体"的劳资关系模式得到确立。劳工失去了组建利益代表组织的权利。纳粹时期，德国推行的劳工政策更多的是回归历史传统道路即用政府强大之手安排劳资关系，然而这种自上而下的政府家长式权威最终把整个德国推向战争。

（三）劳资关系演化第三阶段（第二次世界大战后至 20 世纪 70 年代）

1945 年纳粹极权体制垮台后，德国劳资关系变革重新启动。1949 年的《基本法》规定了劳资自治，即劳资双方可以独立进行谈判，政府则主要通过法律体系来平衡劳资力量。1952 年的《集体合同法》明确了工会和雇主协会在劳资谈判中的主体地位，制定了集体谈判的规则、起因、内容和程序，把集体谈判纳入了规范化的轨道。1976 年的《共决法》规定了在雇工 2000 人以上的非煤、钢铁工业公司中，雇工代表通过参与监事会行使共同决策的权利。

第二次世界大战后，德国政府安排了行业级别的集体谈判、雇员参与职工委员会、共同决策等劳动关系制度。

政府为了平衡劳资力量，不仅出台了相关的劳动关系制度，还改变了企业资本结构。为了战后快速复苏，银行不仅是债权人；当公司拖欠欠款的时候，银行还通过债转股，成为公司的股东。银行和家族企业大股东成为掌控公司的资本阶层，其不仅股权比重大而且极其稳定。于是，德国的大股东结构与强大的工会作为一组平衡力量改写了第二次世界大战后的劳资关系，德国劳资关系重新进入劳资平衡阶段。

（四）劳资关系演化第四阶段（20世纪80年代至今）

自20世纪80年代以来，德国政府出台了约束工会的措施来促进资本发展与平衡劳资力量。这些措施包括经济上对资本减税、放开雇主的解雇限制、增强劳动力市场的灵活性、摆脱高福利的包袱等等。这些措施削弱了工会的基本利益，打击了工会作为劳动者中心节点的凝聚力。由于加入工会的吸引力减弱，因此工会开始分散缩小，工会的势力大幅削弱。

三　德国劳资关系空间结构演化

与美国一样，德国劳资关系的空间结构也依然遵循劳资关系演化规律：劳资个体冲突阶段（星状网络、随机网络）→劳资群体冲突阶段（星状网络、随机网络）→劳资初级合作阶段（无标度网络、小世界网络、层级网络）→劳资高级合作阶段（小世界网络、无标度网络）。现阶段，德国劳资关系还未进入劳资关系演化第五阶段，即劳动和谐合作阶段。

（一）劳资关系演化第一阶段

在此阶段，劳资关系结构符合随机网络与星状网络的特点。德国封建制度的逐步解体和农奴制度的改革解除了劳动力的人身依附关系，使之成为能自由地与资本连接的节点。德国的资产阶级变革首先从农业开始。劳动者以农业资本为中心，劳动力节点围绕农业资本节点形成星状网络结构。第一次工业革命传到德国后，纺织业吸收从农业转移的劳动者，因此劳动者又以工业资本为中心节点，劳资节点虽然随机连边，但最终也形成星状网络。

在此阶段，劳动自组织的结构符合随机网络与星状网络的特点。由于德国的劳资冲突问题与民族统一、国家独立问题交织在一起，无产阶级的罢工运动比美国同期更为激烈。特别是进入 19 世纪 30 年代，劳动力的随机网络很快就演变为具有中心节点的星状网络，并且劳方自组织程度迅速提高。

（二）劳资关系演化第二阶段

在此阶段，劳资关系结构仍然符合星状网络的特点。德国的统一不仅扩大了劳动力流动的范围，还为劳资合作建立长程边奠定了基础。与第一阶段的星状网络相比，此时劳资连边更长，企业规模更大。与美国不相同的是劳资关系中政府的权威，政府不仅在战时让劳资关系为战争服务，并且在和平年代与工业寡头、金融寡头一起形成了国家垄断资本主义。由于在单个企业中，管理组织规则变化不大，因此劳动力与资本的关系仍然表现为星状网络。

在此阶段，劳动自组织结构仍然符合星状网络的特点。由于劳动者中心节点的涌现，劳动者之间的连边更加稳定，劳动自组织的聚集系数增加，劳动自组织程度提高，网络规模增大。1918 年革命前后，德国工会组织发展迅速，不仅数量明显增加，其规模也日趋庞大，呈现金字塔型的组织结构。德国工会组织主要包括"德国工会总联合会"（后改组为"德国工会联盟"）、"德国基督教工会总联合会"（简称基督教工会）、"德国工会协会联合会（希尔施—敦克尔)"(简称自由主义工会)。

(三) 劳资关系演化第三阶段

在此阶段,劳资合作结构符合无标度、层级网络的特点。第二次世界大战后,大家族与银行构成了企业资本的主要来源,资本继续集中,形成了资本大度节点。劳动者倾向与资本大度节点连边,形成了劳资关系无标度网络。同时,跨国公司的长程连接突破了资本与劳动者连边的地域限制,形成了劳资关系小世界网络。公司的层级管理制度形成了劳资关系层级网络。

在此阶段,劳动自组织的结构符合无标度、层级网络的特点。德国的工会密度高,反映了以德国工会为中心节点的劳动者网络的连接。工人倾向加入组织力量更强的工会,形成了劳动力组织的无标度网络。德国工会构建了围绕总工会与行业工会的层级网络结构。

(四) 劳资关系演化第四阶段

在此阶段,劳资合作结构符合小世界网络的特点。网络信息技术进步使得劳动力节点与资本连边日益网络化。网络化使劳资连边成本降低,因此提高了劳资节点连接的机率。以前不曾连边的劳资节点,现在因为网络技术也产生了连接。因此,劳资节点间的平均路径长度迅速下降,中心节点的中心性质降低,无标度性质减弱。劳资的网络化合作不仅开始突破企业边界,还会使生产进一步社会化;同时企业的边界扩大,组织结构从金字塔结构转向扁平化,小世界网络的属性凸显。

在此阶段,劳动自组织的结构也符合小世界的特点。高级人力资本从工会中析出组建其他行业协会,包括德国工联在内的几大工人联盟会员都急速流失,但是包括公务员联盟等其他联盟的会员人数却在稳步增长。同时，网络信息技术的发展为组织结构扁平化提供了技术支持，工会网络结构开始分层、分化，结构变得松散，工会的内在秩序、规则开始重构。

四 德国劳资关系空间结构的政府机制设计

（一）劳动力节点的机制设计

第一，控制劳动力节点数量的政府机制设计。从劳动关系演化第二阶段到第四阶段，德国的移民政策一直在既满足经济发展对劳动力的市场需求，又使移民不足以影响政治与社会安全的目标中权衡，按照"紧缩与相对控制的自由移民—吸引客籍工人—紧缩和选择的移民政策"转化。在第二次世界大战以前，德国还是一个净移民输出国。在第二次世界大战以后，德国大量引进外国劳工，转变为移民输入国。到了20世纪70年代，德国经济发展的放缓以及石油危机的爆发，使政府收紧了移民政策。随后，东欧剧变和苏联解体又使德国限制了移民，提高了移民的条件。自21世纪以来，国内劳动力短缺和技术人才流失等问题又促使德国选择引进外国专业人才。

第二，提高劳动力节点质量的政府机制设计。从劳动关系演化第一阶段到第四阶段，德国的教育政策按照"普及小学教育—培养中等与高等教育—改革中等教育、强化职业教育与发展高等教育—加强科技研发投入、发挥大学科技创新作用"转化。

第三，劳动力节点迁移的政府机制设计。在劳资关系演化第一阶段，德国封建制度的逐步解体和农奴制的改革破除了劳动力人身依附关系，增加了劳动力的流动性。工业革命引导劳动力以"农村—城市"的方向迁移。为了加快劳动者的迁移，政府兴建了铁路交通网络。由于德国人有着强烈的传统文化观念，因此劳动力转移以就近转移为主，多集中在家乡附近的小城间、乡村之间，流向较为分散。

在劳资关系演化第二阶段，统一后的德国在政治上空前稳定，这加速了劳动力的流动。政府完善了社会保障制度则为劳动力自由流动解除了后顾之忧。为了平衡劳动力流动的空间分布，在第二帝国时期，政府引导农业剩余劳动力从德国东北部农业区转移到西部的鲁尔工业区；在魏玛时期，政府还致力于向农村疏散人口，并鼓励农户采用机器，实现农业机械化。同时，德国注重大中小城市和农村的协调发展，引导农业剩余劳动力多方向、多渠道流动，逐渐形成了柏林、汉堡、慕尼黑三大城市分别鼎立于德国东部、北部和南部的框架，中小城市星罗棋布的各地区经济协调发展的局面。

在劳资关系演化第三阶段，劳动力继续由农村转移到城市并形成了由北向南的人口流动潮。随着德国南部地区微电子工业的发展，不仅农业人口，而且鲁尔区工业、服务业的人口也逐渐形成由北向南的人口流动。加之，战争造成领土的丧失迫使人口迁徙，使部分大城市人口密度几乎增加一倍，人口分布也有了显著的变化。因此，第二次世界大战后，德国再次公布法令限制发展大城市，这些措施有助于劳动力均匀分布。

在劳资关系演化第四阶段，劳动力流动出现了逆城市化和再城市化现象。信息技术打破了劳动者必须聚集在城市与企业连边的局限；同时，德国政府为劳动者搬到郊区居住提供了基础设施，于是出现了逆城市化。近年来，德国人口持续下降的趋势使政府在农村维持与城市相同的基础设施变得困难。于是德国又出现了劳动力由农村流动到城市的趋势，即"再城市化"。基于此，德国政府通过结合地区的发展条件与前景来考虑是否需要介入人口流失造成的地区空心化问题。

（二）资本节点的机制设计

第一，资本节点增长的机制设计。在劳资关系演化第一阶段，四分五裂的德国没有能力对外大规模掠夺资源，因此资本节点的积累主要来自于内部。在农奴制改革中，容克地主把在农民解放过程中获得的大笔赎金作为资本投入到庄园。为了扶植资本主义工商业的发展，德国政府自上而下推行改革，通过投资、国债、税收等途径帮助资本节点积累了工业化所需的资本。

在劳资关系演化第二阶段，在1870年的普法战争中，政府获得了煤铁矿区及巨额赔款，这为工业发展提供了资源和资本，促进了资本节点的生长，加快了德国工业化进程。但第一次世界大战的战败又极大地削弱了德国国内资本，除了被剥夺全部殖民地和海外属地外，本土也被割去13%；还被没收了在敌国的资产以及大部分在中立国的投资。第一次世界大战后，随着外国贷款的源源流入，德国的生产和资本不仅得到恢复，而且进一步集中，形成了垄断巨头。德国纳粹党上台后，其获得美国华尔街的资本，在德国形成了一种独特的国家垄断资本主义体制。这些集政商于一体的垄断巨头，如蒂森、西门子、沃尔夫等十多个工业和金融寡头，成为德国经济和政治的真正主宰者①。

在劳资关系演化第三阶段，第二次世界大战后德国重建的资本很大程度上依靠外国援助，特别是"马歇尔计划"。德国利用外国资本，恢复了工农业的生产，扩大了贸易，增加了工业发展的资本。同时，德国大多数企业都有自己的"全能银行"，银行和大型工业企业交叉参股构成了一个牢固的、相对封闭的工业—金融共同体网络。企业资本来源于"全能银行"与内部股东，不依赖资本市

---

① ［德］卡尔·哈达赫：《二十世纪德国经济史》，扬绪译，商务印书馆1984年版。

场和外部投资者，这有利于企业尤其是大型企业在战后快速恢复与
长期发展。

在劳资关系演化第四阶段，在两德统一后，政府通过税收优惠
补助、共同任务补贴、欧洲复兴计划优惠贷款、联邦政府贷款担保
等措施来促使资本在东部地区的生长[①]。例如，每年给东部提供
120 亿欧元的"团结补贴"用于旧城改造与基础设施建设，一直持
续到 2019 年。

第二，资本节点迁移的机制设计。在劳资关系演化第一阶段，
政府通过引进工商业自由理念发展自由资本主义经济体系，从而为
工业化刚刚起步的资本节点带来了迁移自由。1810 年的《财政敕
令》等政策宣布营业自由，取缔了束缚工商业经营的桎梏。19 世
纪 30 年代的关税同盟使各邦之间免除关税，于是统一的经济区建
立起来了，这为资本节点的自由迁移破除了藩篱。

在劳资关系演化第二阶段，德国的统一为劳动力与资本的迁移
提供了更大范围的劳资合作空间。政府引导工业化资本节点直接迁
移到新兴产业，如电气、化工等现代化工业部门，因此德国的重工
业得到快速发展。

在劳资关系演化第三阶段，德国的资本节点迁移主要表现为利
用外国资本进行战后重建。从国外到国内，在"马歇尔计划"的帮
助下，130 亿美元的资金以贷款和直接援助的形式流入，这为德国
工业发展提供了资金。

在劳资关系演化第四阶段，德国东西区域资本分布极度不均。
在东部重建过程中，政府不仅向东部提供大量资金援助，还积极致
力于使西部和外国资本向东部流入，并为东部工商业吸引投资实行
优惠政策。由于政府的大力支持，资本流入东部的势头一直呈上升

---

① 孙晓峰：《造就资本流入和流动的优良环境——谈德国东部重建中的外资引进》，《生产
力研究》2001 年第 1 期。

趋势①。

（三）劳资节点连边能力与机制设计

在劳资关系演化第一阶段，德国历史学派认为西欧各国的资本主义发展道路具有多样性，而并非仅有英国模式一种。如果德国按照古典、新古典自由主义经济理论的要求只实行按比较优势的市场交换机制，那么德国将会在以谷物换取英国工业制成品中丧失发展时机。因此，德国在吸收英国古典经济学的市场机制基础上，更重视政府在劳资要素连边的作用。德国倡导国家主导的工业化，优先发展工业，以跻身于强国之林。因此，除了市场机制，国家产业政策也成为重要的劳资连边机制。

在劳资关系演化第二阶段，德国政府通过政府的权威建立劳资节点连边。德国自 1871 年实现了建国以来的首次民族大统一，却又因两次大战的失败，国家再度分裂。德国通过强大的政府之手，中断了劳资关系的民主化进程，掩盖了劳资之间的矛盾，破坏了劳资要素合作的市场连边机制，把整个劳资关系引向了为战争服务的方向。

在劳资关系演化第三阶段，在摒弃政府强权之后，德国政府对劳资关系奉行正统多元学派的思想，主张劳资关系体系由雇主、雇员、政府组成，政府以集体劳资关系的调整作为劳工政策的重点，以劳资谈判为中心，形成了工会、工人委员会制度、雇员参与制度。因此，劳资连边也逐步表现为建立在市场机制之上的产业关系。

在劳资关系演化第四阶段，由于新自由主义的全球冲击，劳资连边由传统的产业关系逐步转变为更为广泛的市场劳资雇佣关系，

---

① 孙晓峰：《造就资本流入和流动的优良环境 ——谈德国东部重建中的外资引进》，《生产力研究》2001 年第 1 期。

但与美国不同的是，德国政府依然坚持在劳资节点市场连边机制的基础上，发挥政府在劳资关系调整方面的积极作用。

第三节 制度比较

美国和德国作为资本主义国家的代表，两者的劳资关系演化路径表现出在维护资本的利益方面的相同点；两者劳资关系演化路径的差异可以归结于不同的政府干预。

一 美国与德国劳资关系演化路径的相同点

美国、德国劳资关系演化都符合劳资关系演化规律，两者的劳动自组织也符合从自发无序到组织有序，再到松散消失的演化规律。虽然政府的机制设计无法超越此规律，但其设计可以规划劳资关系演化的不同路径。美国、德国政府从维护资本节点利益出发，从第一、第二阶段打压劳动者转向第三阶段的平衡劳资关系的政策。在劳资关系演化的第一、二阶段，政府基于资本主义利益打压劳动者，但是劳动者聚集在一起形成了可以与资本相抗衡的力量，劳资冲突的爆发终于迫使政府从打压政策转向了平衡劳资关系政策。但是政府打压劳动者的政策不仅延长了劳资冲突的过程，还延缓了进入劳资合作第三阶段的时间。

二 美国与德国劳资关系演化路径的不同点

（一）政府干预的程度不同

美国地处北美大陆，由于受战争影响较小，劳资关系演化路径自发演化的倾向较大，政府干预的程度较小。在第三阶段政府分化劳动自组织的机制设计使组织过早地进入衰退期，使工人阶级为共同利益奋斗的目标模糊，从而使劳资关系的演进受阻。因此，美国的劳动自组织促进社会向前演化遇到一个质的问题①。

德国处于欧洲大陆，作为后进的资本主义国家，在与英法的竞争中，受战争的影响较大。因此，德国劳资关系演化路径表现出政府较强的干预倾向，并且劳资关系在政府强大之手中成为服务其他目标的手段。如在劳资演化第二阶段时，就已经出现具有第三阶段的劳资共决制度，但是很快昙花一现。究其原因则是劳资共决制度的实践是一种"异化"的结果，它不是为了实现劳动者所设想的目标，而是成为达到政党所希望达到的目标之手段。当它无法实现纳粹党的目标时，其消亡也是意料之中的事。

（二）政府平衡劳资关系的措施不同

虽然美国与德国政府出台的劳资政策与具体措施不同，但这些政策都与本国的历史与政治相嵌入，从而在第三阶段平衡了劳资力量，使战后的劳资关系缓和。

美国不仅用《反垄断法》拆解了家族企业性质的大股东，而且禁止金融机构持有企业的股份，这些措施减少了企业内大股东的势力；同时，美国政府从压制工会转向鼓励工会的发展。于是，被拆解的大股东与凝聚的工会在劳资演化第三阶段形成了平衡的劳资力量。随后，证券市场的繁荣使企业的股东更为分散，这进一步减少了股东对经济的控制。当分散的股东力量无法与强势工会相平衡的时候，美国又开始限制工会的发展并鼓励多工会的竞争，以求与分散的股东的力量相平衡。因此，从20世纪80年代开始，美国最终呈现出分散的股东与分散的工会的"分散平衡"状态。

德国由于受战争的影响，产业民主运动异常高涨。工人结成强

---

① 许清清、路兰、刘鹏程：《复杂网络视角下劳动自组织的演化路径与政府机制设计研究》，《山东社会科学》2018年第10期。

大的工会，与之相匹配的必然是强势股东。政府的政策使德国形成了强大的工会与大股东平衡的局面。大股东中除了大家族，其次就是银行。银行对战后企业的恢复提供了重要的资金支持，但是银行和大家族的控制，却造成了股市的发展缓慢，因为一个家族放弃自己的控制权时，经常是出卖给另外一个大家族。因此，德国呈现出了强大的工会与强大的股东之间的"集中平衡"状态①。

最终，基于不同的劳资关系演化路径，美国与德国呈现出不同的劳资关系体制以及在劳资关系基础上展开的资本主义多样性。

---

　　①　许清清：《构建劳资合作关系新常态的路径选择——基于政府行为选择的视角》，中国社会科学出版社 2016 年版，第 11—12 页。

第五章

中国特色劳资关系演化的历史路径

由于我国社会主义基本制度与劳资环境的特殊性，我国劳动演化路径不会"线性"复制西方发达国家劳资系统演化过程。我国先天具有劳资合作关系跨越式基础，因此亟待后天构建既符合劳资关系演化规律，又优于西方发达国家的中国特色劳资关系演化路径。研究中国特色劳资关系历史演化路径，这对于增强我国坚持社会主义的道路自信，指导中国特色劳资合作实践具有重要的现实意义。

第一节　中国特色劳资合作思想

马克思劳资理论在我国各个历史阶段的运用和发展，指导着我国劳资合作关系的实践，从而形成了具有中国特色的劳资合作思想。

一　新民主主义时期的"劳资两利"思想

早在新民主主义时期，以毛泽东为核心的党的领导集体，在马克思劳资关系的统一性基础上，基于当时我国生产力不发达的实际情况，提出了"劳资两利"思想。1947 年 12 月，毛泽东在《目前形势和我们的任务》的报告中明确指出："新民主主义国民经济的指导方针，必须紧紧地追随着发展生产、繁荣经济、公私兼顾、劳资两利这个总目标。"① 毛泽东把劳资两利作为新民主主义国家经济建设的指导方针完整地提出来。"劳资两利"思想主要内容有：第一，在承认劳资特殊利益的基础上，劳资合作关系超越劳资双方的对抗性，服从于他们的共同利益。第二，在新民主主义社会条件下，实行劳资合作政策的目的是使劳资双方共同为发展工业生产而努力，劳资合作的途径是以"公私兼顾、劳资两利"为基本原则，调节两者之间的对立性。具体来说，就是要同时保护劳动者和资本的正当利益。一方面，实行 8—10 小时工作制，为工人办理社会保险，给予其适当的失业救济；另一方面，保障私人企业、合作社企业和国家企业的正当盈利，使劳资双方为经济建设共同努力②。"劳资两利"思想不仅实现了资本家通过生产资料占有权获得的正当利益，也实现了劳动者通过劳动获得的劳动收入。"劳资两利"这一重要思想是对马克思主义劳资理论的重大创新。它的提出为新中国国民经济的迅速恢复，巩固新生的政权奠定了重要的基础。

二 改革开放以来的"劳资合作"思想

邓小平在肯定非公有制经济是我国社会主义市场经济重要组成部分的基础上，探索实现"劳资两利"的市场机制，最终达到共同富裕。1990 年底，邓小平提出，"社会主义不是少数人富起来、大多数人穷，不是那个样子。社会主义最大的优越性就是共同富裕，这是体现社会主义本质的一个东西"③。1992 年初，邓小平在南方谈话中明确："社会主义的本质，是解放生产力，发展生产力，消灭剥削，消除两极分化，最终达到共同富裕。"④ 在社会主义初级阶段，必须集中力量解放发展生产力，鼓励在生产资料公有制基础上

---

① 《毛泽东选集》（第 4 卷），人民出版社 1991 年版，第 1256 页。
② 《毛泽东选集》（第 3 卷），人民出版社 1991 年版，第 1082 页。
③ 《邓小平文选》（第 3 卷），人民出版社 1993 年版，第 364 页。
④ 《邓小平文选》（第 3 卷），人民出版社 1993 年版，第 373 页。

的多种所有制并存，通过市场经济机制发挥资本的作用，"让一部分人先富起来"；然后，先富带动后富，最后实现共同富裕。在社会主义条件下，资本的作用是发展生产力，先富带动后富是实现共同富裕的途径，这些都是社会主义本质的要求。因此，劳动者和资本所有者可以通过合作把"剩余"这块蛋糕做大，从而实现自身利益的帕累托改进。同时，政府应该在劳资合作过程中起作用，政府应基于"劳资两利"原则，同时保护劳资双方的利益，组织劳资协商会议，协商解决劳资问题。

江泽民在肯定各社会阶层合法经营、诚实劳动的基础上，把我国劳资关系统一于中国特色社会主义事业建设之下，提出了中国特色社会主义事业的建设者的论断。江泽民在庆祝中国共产党成立八十周年大会上的讲话中指出："改革开放以来，我国的社会阶层构成发生了新的变化，出现了民营科技企业的创业人员和技术人员、受聘于外资企业的管理技术人员、个体户、私营企业主、中介组织的从业人员、自由职业人员等社会阶层……在党的路线方针政策指引下，这些新的社会阶层中的广大人员，通过诚实劳动和工作，通过合法经营，为发展社会主义社会的生产力和其他事业作出了贡献。他们与工人、农民、知识分子、干部和解放军指战员团结在一起，他们也是有中国特色社会主义事业的建设者。"[1] 同时，他还强调"不能简单地把有没有财产、有多少财产当作判断人们政治上先进与落后的标准，而主要应该看他们的思想政治状况和现实表现，看他们的财产是怎么得来的以及对财产怎么支配和使用，看他们以自己的劳动对建设有中国特色社会主义事业所作的贡献"[2]。因此，基于劳动者和私营企业主都是中国特色社会主义事业的"建设者"，应构建新型劳资合作关系，推动我国社会主义建设事业发展。

---

① 江泽民：《论党的建设》，中央文献出版社2001年版，第513页。
② 江泽民：《论党的建设》，中央文献出版社2001年版，第514页。

　　2006 年 10 月十六届六中全会首次提出"和谐劳动关系"思想，并通过了《中共中央关于构建社会主义和谐社会若干重大问题的决定》，明确了相关政策措施与具体的制度建设，这对发展和谐劳动关系具有重大的指导意义。胡锦涛在 2010 年全国劳动模范和先进工作者表彰大会上指出，"要切实发展和谐劳动关系，建立健全劳动关系协调机制，完善劳动保护机制，让广大劳动群众实现体面劳动"①。时任国家副主席习近平在 2011 年再次强调，"要坚持促进企业发展和维护企业职工权益相统一，同时调动劳动关系主体双方的积极性、主动性，推动企业与职工群众协商共事、机制共建、效益共创、利益共享；要从不同类型企业的实际出发，把构建和谐劳动关系必须遵循的总的共同要求与具体的具有差异性的措施结合起来，统筹兼顾、分类指导，既整体推进，又突出重点、突破难点。当前和今后一个时期，要着重抓好进一步完善劳动法律法规并保障其实施、合理调节企业工资收入分配、加强企业民主管理建设、努力化解劳动关系矛盾、加强企业党组织建设、支持和促进企业健康发展等工作，以构建和谐劳动关系的新进步更好地推进科学发展、促进社会和谐"②。这一论述，为我国推进构建非公有制企业和谐劳资关系指明了方向。

　　2012 年 11 月党的十八大明确提出了构建和谐劳动关系。2015年 3 月《中共中央国务院关于构建和谐劳动关系的意见》明确提出了构建和谐劳动关系的指导思想、工作原则和目标任务。习近平总书记不仅具体深化了和谐劳动思想的实施细则，更是坚持"以人民为中心"的新发展理念。秉承马克思"体面劳动与全面发展"的思想，根植于中国传统文化沃土、传承于延安革命劳动伦理，我国

---

　　① 胡锦涛：《在 2010 年全国劳动模范和先进工作者表彰大会上的讲话》，《光明日报》2010 年 4 月 28 日第 1 版。

　　② 习近平：《全国构建和谐劳动关系先进表彰暨经验交流会在京举行　习近平会见与会代表并讲话》，《人民日报》2011 年 8 月 17 日。

逐步形成"以劳动模范为榜样，爱岗敬业、勤奋工作，锐意进取、勇于创造"① 的劳动者智力、体力及职业技能、创新能力全面发展的局面。充分发挥广大工人、农民、知识分子、企业家等的作用，共同推动发展。"企业家是创造就业和财富的重要力量，是促进发展和合作的生力军……真正的财富就是所有个人的发达的生产力。"② 在经济发展进程中，"要不断为民营经济营造更好发展环境，帮助民营经济解决发展中的困难，支持民营企业改革发展，变压力为动力，让民营经济创新源泉充分涌流，让民营经济创造活力充分迸发"③。企业家成为生产力中"真正的财富"，就必须成为"发达的生产力"，通过创新创造以"发达的生产力"创造出丰富的经济社会财富，在企业发展与促进生产力发达的辩证统一中不断进步、不断突破。"到 2019 年底，我国已有市场主体 1.23 亿户，其中企业 3858 万户，个体工商户 8261 万户。这些市场主体是我国经济活动的主要参与者、就业机会的主要提供者、技术进步的主要推动者，在国家发展中发挥着十分重要的作用。"④ "企业家创新活动是推动企业创新发展的关键。"⑤ "企业既有经济责任、法律责任，也有社会责任、道德责任。"⑥ 尤其大疫当前，百业艰难，"企业家要做创新发展的探索者、组织者、引领者，勇于推动生产组织创新、技术创新、市场创新，重视技术研发和人力资本投入，有效调动员工创造力，努力把企业打造成为强大的创新主体，在困境中

---

① 习近平：《在知识分子、劳动模范、青年代表座谈会上的讲话》，《人民日报》2016 年 4 月 30 日。

② 习近平：《习近平同出席博鳌亚洲论坛 2013 年年会的中外企业家代表座谈时强调　中国经济保持持续健康发展　中国将提高开放型经济水平》，《人民日报》2013 年 4 月 9 日。

③ 习近平：《在民营企业座谈会上的讲话》，新华网，2018 年 11 月 1 日，www. xinhuanet. com/politics/leaders/2018 – 11/01/c_1123649488. htm。

④ 习近平：《在企业家座谈会上的讲话》，《人民日报》2020 年 7 月 22 日。

⑤ 习近平：《在企业家座谈会上的讲话》，《人民日报》2020 年 7 月 22 日。

⑥ 习近平：《在企业家座谈会上的讲话》，《人民日报》2020 年 7 月 22 日。

实现凤凰涅槃、浴火重生"[①]。

第二节　中国特色的劳资关系

一　劳资关系宏观运行环境的中国特色

我国实行以公有制为主体、多种所有制共同发展的社会主义市场经济，同时又处于新型工业化、信息化、智能化、城镇化、农业现代化同步发展的社会主义初级阶段时期。这些因素构成了我国劳资关系宏观运行环境的中国特色。

经过 40 多年的改革，市场经济体制使劳资关系市场化基本形成。劳资生产要素的市场化连边，不仅使中国经济释放出巨大的生产力，而且还使劳动力要素所有者与资本要素所有者作为追求利益的主体地位得以确立。随着市场的深化，企业由计划经济的单一所有制结构向市场经济的多种所有制结构转换，并且非公有制经济所占比重越来越重，这使得我国企业劳动关系中劳资关系凸显。据统计，我国 1978 年之前公有制经济占据绝大部分份额，1978 年城镇就业人口的 96.73% 在国有部门（75.92%）和集体部门（21.53%）就业；到了 2017 年，城镇国有部门和集体部门的就业人口占城镇就业人口的比重为 15.24%，私营、港澳台、外商部门的就业人口占 37.46%；2017 年由国有控股和集体控股企业法人占整个社会企业法人单位数 3.18%，由私人、港澳台商、外商控股占 90.78%。[②]

我国劳资关系虽然主要存在于私营企业，但也涉及公有制企业、混合所有制企业，并拓展到跨国公司，因此企业、劳动者、地方政府行为的异质性，产业、地域的多广性，以及不同形态劳资关

[①]　习近平：《在企业家座谈会上的讲话》，《人民日报》2020 年 7 月 22 日。

[②]　资料来源：国家统计局网站，http://www.stats.gov.cn/。

系治理的机制和实效的差异性，都使得我国劳资关系呈现多元化的复杂面貌。除此之外，在经济全球化背景下，我国劳资关系不仅要面对国内劳资冲突，还要防范西方国家刺激我国劳资冲突成为社会冲突的可能性。

二　劳资关系演化路径的中国特色

由于我国劳资关系宏观运行环境的复杂性，在特定历史条件和发展阶段，政府介入劳资关系是必要的。我国劳资关系演化路径并非由劳资双方自发演化所形成，而是由政府主导和劳资参与相结合的劳资关系演化路径。

第一，政府在第一、二阶段平衡劳资关系。劳资关系从个体冲突自主演进到群体冲突的原因是劳资博弈力量偏离了平衡状态，形成资方单赢局面。因此，我国政府在第一阶段、第二阶段介入劳资博弈力量平衡的形成，可以快速地让劳资双方认识到不合作的损失大于冲突的得益，从而在对抗中寻求共同利益。政府以制度约束资方性质来平衡双方博弈力量，不仅可以减少劳资双方自主博弈的长期性与冲突，还可以使劳资双方的利益得到帕累托改进，实现经济效益和社会稳定，从而加速进入第三阶段。

第二，政府在第三阶段的再平衡作用。我国政府持续形成劳资博弈力量平衡的制度，劳资双方就会自己创造通过谈判机制或者是其他类似机制来解决劳资冲突。因此，只要保持博弈力量平衡的机制存在，劳资冲突就能通过劳资之间的对话机制来解决，并且群体冲突也将只是作为"威胁"手段存在和偶尔有序地使用，而不是频繁地爆发。在第三阶段由于重大事件使劳资博弈力量再次失衡并且无法在短时间内通过自平衡机制恢复平衡，那么也需要政府介入劳资关系，加速回到平衡状态，以免爆发大规模的劳资冲突引起社会动荡。比如2008年的国际金融危机使企业难以为继，进而破产裁员，因此政府帮助企业渡过难关，避免了大规模社会动荡①。

第三，政府对劳资连边机制的构建作用。当政府规划劳资节点连边机制从计划手段转到以利益为导向的自由连边的市场机制时，政府解除了原有固定劳资连边，有可能会引起原有劳资结构坍塌；如果新的以市场为导向的结构尚未连边建立，那么将会导致经济的倒退。我国政府引导农民工"亦工亦农"、国企改革以增量改革带动存量改革的方法，既避免了农村结构的坍塌，又成功地建立了以市场机制作为连边关系的社会主义劳资网络。

三　劳资关系空间结构的中国特色

由于需要在落后生产力基础上建立社会主义制度，加之我国存在劳资合作空间区域分布、产业结构分布不平衡、城乡结构不平衡问题，因此我国劳资合作空间结构具有鲜明的机制设计特色，包括劳资节点迁移的机制设计、劳资节点增长的机制设计、劳资断边重连的机制设计、劳动自组织演化的机制设计和劳资连边的机制设计。

从区域经济角度看，中西部地区节点从最初迁移到东部再到部分回流，劳资网络结构日趋稳定；而东部地区由于劳动力节点的流入，因此劳资网络的节点密度高，从局域网络向无标度网络，再到小世界网络演化；东北地区劳动力节点的净流出，导致原来的劳资结构减点撤边，原有劳资结构部分解体。政府通过机制设计建立新的劳资合作结构。从城乡结构角度，农业、农村的劳动力的"亦工亦农"的迁移，不仅避免了农业、农村的网络结构坍塌，还支持了工业化与城市建设。现阶段，政府引导资本节点有序向农业、农村转移，把劳资关系空间结构与产业升级、城市化耦合起来。从产业

---

① 许清清：《劳资关系相对平衡的演化路径分析——基于政府行为选择的视角》，《现代经济探讨》2015 年第 11 期。

结构角度看，私营企业大量集中在低端制造业、高能耗行业，并表现为节点连边的随机性，这样的结构不利于劳资合作的稳定与产业结构的升级。同时，民营企业在高端制造业、高技术等行业领域劳资合作结构尚未完全建立。因此，必须稳定市场预期，减少连边成本，去边重连，促使我国劳资关系空间从局域网络向无标度网络、小世界网络、全局耦合网络演化。

四　劳资关系调整模式的中国特色

在我国劳资关系调整中，政府、工会、国有企业的角色和作用与西方发达资本主义国家有本质区别。我国政府作为集体协商制度的第三方介入劳资关系的调整，这也是我国不同于西方集体谈判制度的一个典型特色。由于西方发达国家已经进入劳资关系的三、四阶段，劳资力量相对平衡，因此集体谈判主要由劳资双方自由博弈达成结果。如果谈判破裂或未达预期，工会往往会组织工人罢工抗争，直到达成最后结果，因此集体谈判的结果也是劳资双方妥协的均衡。而我国现阶段劳资关系主体还处于演化的第二、三阶段，存在局部的资强劳弱不平衡的情况，如果任由劳资双方自由博弈，那么劳资谈判的结果将不利于劳动者。因此，我国企业工会的组建与劳资集体协商制度的普及都离不开政府的推进，这既能维护劳动者合法权益，又能减少劳资冲突等因素所引起的社会不稳定。

与西方"独立自由工会"相比，我国工会的价值取向、职能和工作机制具有中国的特殊性。在计划经济体制下，工会作为政治体系的一部分，其主要职能是组织工人生产以及管理劳动事务，提高工人技术水平与文化素质，改善工人生活条件等等。在市场经济体制下，工会既是联系工人的群团组织，又是工人维权组织的双重角色，重视在事前、事中、事后化解劳资冲突。

我国国有企业既肩负着引导我国主流劳动关系的责任，又承担着壮大国民经济的职责。为了实现国家调节经济的目标，国有企业在生产经营过程中，充分互利共享生产资料、生产技术和生产信息，打破了资本私有造成的能源传播壁垒、资源产品的高价格。在国际经济危机时期，国有企业压低能源价格，为私营企业渡过经济危机奠定了基础；在改革创新时期，最大限度释放创新带来的增长红利，引导劳资合作关系，从而将经济蛋糕总体做得更大，为全民共同富裕奠定物质基础。我国私营企业在土地这一生产资料公有或集体所有的基础上，受国有企业劳动关系的示范与引导，约束了其资本的逐利性，因此不会像西方发达国家资本那样通过压榨劳动者实现其对利益的无限追求。

第三节　中国特色劳资关系演化路径

中国特色和谐劳资关系构建不是要超越劳资关系演化规律来消灭我国雇佣劳动关系和劳资矛盾，而是要构建符合劳资关系演化规律的劳资合作的有效路径。中国作为一个后发国家，可以优化劳资关系路径以加速或缩短劳资关系演化进程，但不可违背劳资关系演化规律。我国劳资关系的演进路径与劳资关系自发演化的路径不同，具有鲜明的中国特色。

自新中国成立起，我国在劳资关系实践中，立足于本国国情，走出了一条具有中国特色的劳资关系道路。现阶段我国主体的劳资关系正处于由第二阶段向第三阶段演化的时期，同时又具有第四阶段等多阶段发展特点。与西方国家的发展阶段相比，从劳资关系的结构、法制和劳资力量的角度，我国劳资关系主体所处阶段大致接近于20世纪美国的三四十年代、德国的五六十年代，即处于从第二阶段向第三阶段演化的过渡时期；但就劳资关系所表现出的多元化特点而言，又与西方发达国家第四阶段的劳资关系相似。同时，我国倡导劳动者除了以利益，还以精神力量连边的做法，又具有劳资关系第五阶段的萌芽特点。

一　中国特色劳资关系演化路径的前期铺垫阶段

清中叶至新中国成立之前，这一历史时期为中国特色劳资关系的前期铺垫阶段。由于我国资本主义萌芽受到封建主义和西方资本—帝国主义的强大压力，因而资本主义发展缓慢。此时，发达国家已经处于第二阶段劳资群体冲突阶段，资本正疯狂地跨出国界、对外掠夺资源。由于此阶段的技术无法支持外国资本与我国劳动力的长程边连接，于是我国大量劳动力与资源被掠夺至资本—帝国主义国家。20世纪初期，发达国家劳资关系开始向第三阶段演化。技术的支持使外资企业在我国开始大肆掠夺，于是我国劳资冲突从1840年A_1点（图5-1）开始劳资冲突骤然上升，这并不是由于国内资本与劳动者冲突引起，而是由外国资本与本国劳动者的冲突激化而导致。南京国民政府时期，虽然中国劳资关系开始近代转型，劳方与资方开始组织化，但很快就因为外资的掠夺而昙花一现。中国劳资关系自发演进的路径受到外力的冲击而中断。

外国资本对我国的侵略与对劳动者的剥削引发了劳动节点"突变性"演化。在外国资本的侵略下，劳动者出现了许多具有聚集效应的中心节点，其作为信息传播者与领导者凝集了众多劳动者，从而使我国劳动自组织迅速凝聚壮大。此时，劳动者自组织的连边遭到了破坏与镇压，劳资群体冲突迅速激化，并表现为最高形式——革命斗争。劳动者在中国共产党领导的革命斗争中，连边更加稳定，组织更加有序。劳动自组织在革命的斗争中，组织更有序并引导劳资关系发生"突变式"演化。中国共产党领导劳动者革命夺取政权，完成了劳资系统的"突变式"演化。劳动者革命夺取政权，不仅赶走了外国资本，还对本国资本进行社会主义改造，因此劳资冲突陡

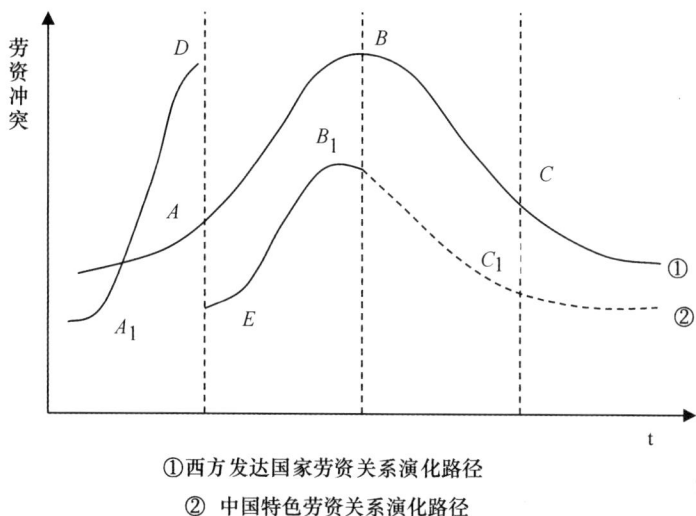

①西方发达国家劳资关系演化路径

② 中国特色劳资关系演化路径

图5-1　中国特色劳资关系演化路径

然弱化，表现为断点 D（图5-1）。我国劳动者在中国共产党的领导下，为开辟具有中国特色的劳资关系演化路径奠定了基础。

二　中国特色劳资关系演化路径的第一阶段

从新中国成立以来到改革开放前这一时期为我国劳资关系演化的第一阶段。这一阶段又分为两个时期。第一个时期为从新中国成立到社会主义改造之前，在"劳资两利"思想的指导下，劳资关系从对抗走向合作；第二个时期为我国计划经济时期，这一阶段资本主义经济基本消失，国有经济占绝对主导地位，因此劳资关系变为劳动关系，不存在劳资冲突。计划经济时期，由于我国需要打基础和骨骼以实现工业化的目标，所以全力发展基干工业与各种尖端技术，并抓紧后备人才的培育。政府不仅对本国资本收归国有，还用计划手段分配劳资连边，因此企业并非是利益的结合体。当基干产业还不完善，即"骨骼"没有发育好时，物质生产不能满足日益增长的市场需求，政府还是坚持把资源投入重工业，从而让基干产业的"骨骼"逐步完善。经过几十年的艰苦奋斗，政府以计划手段来构建劳资连边并组成企业，从而快速构建了社会主义经济"骨骼"。因此，计划经济体制时期，劳动关系是行政关系，工会不是对抗资本的劳动者集结组织，而是由政府自上而下组建协调劳动者进行社会主义建设的组织。

当工业基础建立后，人民的消费需求凸显；但由于当时对马克思主义教条化认识，误以为我国劳资关系已进入不存在市场经济的劳动和谐合作阶段即劳资关系演化第五阶段。因此，当政府继续用计划指挥劳资连边时，却忽视了企业作为劳资大联盟存在的利润基础，影响了劳资节点的配置效率从而束缚了生产力发展。

三　中国特色劳资关系演化路径的第二阶段

第二阶段为改革开放之后到党的十八大之前。经过 40 多年的改革，我国经济社会结构已发生了深刻变化。企业由单一所有制结构向多种所有制结构转换，非公有制经济所占比重越来越重，非公有制部分所雇佣的劳动者数量已经逐渐超过公有制部分，所有制结构的变化引起了我国企业内主要的劳动关系向市场条件下劳资关系转变，处于演化第二阶段。

从党的十一届三中全会 E 点（图 5 - 1）以来，我国逐步进入市场经济时期。在这一时期，我国逐渐深化了对社会主义的认识，从而解放与发展了生产力。市场经济体制的建立使劳资要素优化配置，劳资双方自由选择连边，极大地激发了劳动者的积极性、主动性和创造性，从而极大地促进了生产力的发展。

在体制的转型中，我国不像其他转轨国家那样把以私有制为基础的市场经济体制当作目标，而是在基本经济制度和政治制度等方面坚持社会主义方向和性质。采用"双轨过渡"和以增量改革带动存量改革的方法，防止劳资新结构未建立之前的原结构坍塌。一旦劳资结构坍塌，将会带来大量的劳动者与资本的断边，如果在短时间内无法重连，那么劳动者的大量失业将引发生产力倒退。于是，我国形成了公有制、多种所有制经济与市场经济耦合的网络结构，从而发展了中国特色劳资关系路径。此时，发达资本主义国家正处于第三阶段向第四阶段转化，其国内劳资冲突导致资本转移；同时，电子与信息技术的发展为资本要素全球流动提供了条件，因此国外资本能以跨国经营的方式与我国劳动者建立新的连边。发达资本主义国家的资本转移不仅减少了本国劳资冲突，还在一定程度上加剧了我国劳资冲突。

在这一时期，劳动自组织中劳动力节点连边从计划经济体制时期的计划连边向以市场连边转换。随着市场经济体制的建立和改革开放的发展，我国劳资关系开始市场化。一方面，原有单位的解体与国企的破产使原有工会组织随之撤并，劳动者原有的连边断开；另一方面，劳动者寻求新的就业多在非国有部门，而劳动自组织在非国有部门中并未同步建立，因此工会的发展在1999年出现了一个低谷。1999年末全国基层工会组织数为50.9万个，会员为8689.9万人，相较于1995年基层工会组织数减少9.6万个，会员减少1709.7万人（图5-2）。随后，在政府自上而下的组建中，我国工会迅速扩张。尽管我国工会规模迅速壮大，却存在结构松散等特征。究其原因是由于劳资群体冲突的程度不足以使劳动者紧密聚集。同时，由于公有制的引导与对资本的示范作用，我国工人运动、劳动自组织即工会斗争并不像同一阶段西方发达国家那样激烈，表现为线段EB_1位置低于AB（图5-1）。由于西方发达国家激烈的劳资冲突导致劳动自组织的壮大，因此西方发达国家劳动者自组织（工会）的演化路径为"工人激烈斗争—工会壮大—工会分散缩小—工会消失"。由于我国劳资群体冲突程度不足以凝聚如此多劳动者，因而我国劳动者自组织工会将沿着"政府组建工会—工会形散与分散并行发展—工会消失"的发展路径。

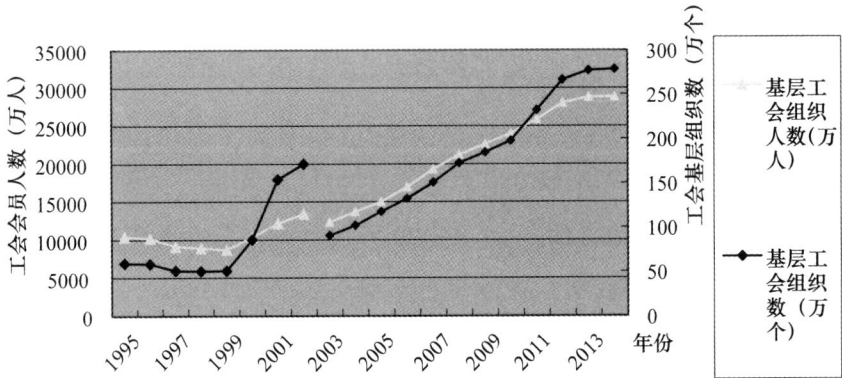

图 5 - 2 我国政府组建工会基层组织数与会员人数

资料来源：根据历年《中国统计年鉴》整理。

四 中国特色劳资关系演化路径的现阶段

党的十八大以来（B_1点），中国经济发展步入新常态。经济发展从高速增长转向中高速时，需要从以要素驱动、投资规模驱动发展为主转向以创新驱动发展为主。为了改变长期以来依靠压低劳动力工资的简单粗放驱动模式，经济增长模式将更多依靠人力资本质量、技术进步等因素。因此，亟待改变劳资关系以释放劳动者与资本的内生创新能力。我国政府对劳资关系的顶层设计路径使现阶段劳资关系表现出多阶段演化共存、跨越发展的特征。我国主体劳资关系正处于从第二阶段向第三阶段演化的过渡时期，但又同时存在着第四阶段的演化特征与第五阶段的萌芽特点。由于政府推行"集体协商"制度，我国自上而下地形成以集体劳资关系为特征的劳资关系，从而推动了劳资"共创、共享、共治"合作关系的建立。这些具有"产业民主"特征的劳资关系的建立是政府推动的一次历史性"补课"。由于受我国政府的"大众创新、万众创业""发展成果由人民共享"等机制设计的影响，平台经济提供了普通劳动力节点自雇的机会，传统的雇佣关系被打破，这些又是第四阶段劳资关系特征。劳动者连边机制从"利益连边"到"精神连边"的现象又具有第五阶段的萌芽特征。因此，我国现阶段劳资关系存在演化的二、三、四、五阶段的特征。

第四节　中国特色劳资关系演化的机制设计

由于环境的不确定性以及系统的非线性演化等原因，很难清晰地规划出劳资关系的演化路径。但政府作为一个特殊的主体，可以通过引导劳资节点的迁移来改变劳资系统内部拓扑结构；可以通过加点连边机制构建劳资合作空间；可以通过赋予自组织演化动力，影响自组织运行的方向和过程。我国劳资关系演化已经呈现出多阶段特征，因此怎样继续顺利从第二阶段跨越到第五阶段，亟需政府设计劳资关系演化的中国路径。

一　劳资关系演化路径的机制设计

劳资关系的自然演化路径为"劳资个体冲突—劳资群体冲突—劳资初级合作—劳资高级合作—劳动和谐合作"。我国政府设计路径虽然不能超越劳资关系演化规律，但其不仅减少了在演化第一、二阶段中的劳资冲突，还在演化三、四阶段加速实现了劳资平衡的合作常态关系。

（一）劳资关系演化第一阶段：政府直接减少劳资冲突

在劳资关系演化第一阶段，由于新中国成立伊始，百废待兴，实行"劳资两利"政策可以统一劳资力量为新中国的建设贡献力量，因此劳资关系从对抗走向合作。社会主义改造完成后，劳资矛盾隐退，劳动关系凸显。劳动关系是行政关系，工会是由政府自上而下组建协调劳动者进行社会主义建设的组织，劳动者之间的冲突为人民内部矛盾。政府实行劳资计划连边，为集中力量快速构建我国工业化体系奠定了基础。

（二）劳资关系演化第二阶段：政府保护劳动个体权利的机制设计

在劳资关系演化第二阶段，随着私营企业的发展，劳资矛盾凸显。我国人口禀赋的特殊性与资本要素的稀缺性使资方在劳动力市场上占有绝对优势地位，因此劳资双方力量的悬殊加剧了劳资冲突的产生。于是，政府出台了保护劳动力个体权利的机制设计。2008年相继颁布的《劳动合同法》《就业促进法》等法律是政府完善劳动法治、强化个别劳资关系规制的重要内容，增强了对单个劳权的保护，减少了劳资冲突。政府不但用劳动法保护劳动力个体权利，而且还用市场机制与法律规范劳动者连边的权利，用就业指导以引导劳动者正确连边。

（三）劳资关系演化第三阶段：平衡劳资力量的机制设计

在劳资关系演化第三阶段，政府建立合理的劳资博弈框架，促进劳资力量平衡，加速形成劳资合作常态关系。第一，政府以行政力量自上而下组织劳动者的联盟。由于我国中小企业众多，以及存在大量非正规就业的劳动群体，企业工会的组建可能会受雇主的私下阻挠，也可能由于人员的流动性强而无组建企业工会的意愿。因此，自上而下组建工会是符合我国国情的，是快速凝聚劳动者力量的必由之路。近年来，正是由于政府的推动，我国工会会员人数与工会规模才得到了较快的增长和发展。第二，政府推广集体协商等制度以构建劳资力量平衡的框架，提倡"员工持股"等计划以促使劳资双方快速进入劳资力量平衡阶段，从而构建劳资合作常态关系。第三，政府完善社会保障体系以提高劳动者谈判的底线。政府扩大参加基本养老、城镇基本医疗、失业、工伤、生育保险人数，提高社会保险待遇水平，特别是构建农村社会保障体系，以此提高劳动者谈判的底线，从而增加了劳动者以退出企业为要挟的谈判砝码。第四，由于某些重大事件使劳资力量再次失衡，并且无法在短时间内通过自平衡机制恢复到劳资合作状态。例如，在 2020 年新冠肺炎疫情期间，政府通过帮扶措施，引导劳资合作以共同渡过难关。

（四）劳资关系演化第四阶段：创新主体连边的机制设计

在劳资关系演化第四阶段，政府不仅发展网络信息技术以规范信息传导，利用"区块链"技术建立劳资可计算的信任机制，构建企业物联网使企业生产社会化，发展平台经济打破原有劳资雇佣关系；政府还用社会主义核心价值观以引导劳动者之间的连边从收益报酬递增机制逐渐转化到精神回馈机制，加速工人阶级从"自在的阶级"升华为"自为的阶级"。

二　劳资关系空间结构的机制设计

良好的劳资关系空间结构不仅可以提高劳资节点市场配置效率，还可以提高劳资节点的合作效率。政府作为一个特殊的主体，可以通过引导劳资节点的迁移、改变连边机制等来改变劳资关系内部拓扑结构。

（一）劳动力节点生长、迁移空间的机制设计

1. 劳动力节点生长的机制设计

第一，减缓劳动力节点生长速度的设计。自新中国成立以来的两次婴儿潮之后，劳动力相对于资本严重过剩，人口问题已经严重

影响了劳资节点的配比。因此，我国实行计划生育政策，主要通过晚婚、晚育，少生、优生的手段来达到有计划地控制人口增长的目的。从 1990 年起，我国人口的总和生育率大大低于 2.1 的代际更替水平。因此，政府减缓劳动力节点生长的机制设计对平衡劳资节点数量配比产生了积极的作用。

第二，放松劳动力节点生长速度的设计。2010 年的第六次全国人口普查发现我国老龄化程度严重并且在加速中，0—14 岁的少儿人口占总人口比例连年下降，劳动力的代际更替出现结构性问题。基于劳动节点配比关系，我国于 2013 年实施了单独二孩政策；于 2015 年实施了全面二孩政策。我国人口政策对劳动力节点生长速度由紧到松的变化趋势反映了其平衡劳资节点数量配比的初衷。

2. 劳动力节点迁移的空间机制设计

在落后生产力基础上建立中国特色劳资关系需要政府引导劳资节点的迁移。不同于劳资节点在"农业—工业—第三产业"的自然迁移路径，我国劳资节点以"计划—市场"的路径迁移。

第一，劳动力节点的计划迁移设计。为了建立工业体系，政府以"工农业剪刀差"优先发展重工业。为了防止劳动力节点彻底从农业转移出而引起农业结构的坍塌，因此使农民兼有农民与工人两重身份、村民与市民这两种特征是非常必要的。这样既没有造成农业原结构的坍塌，又同时为工业的发展保持了劳动力相对低成本的优势。同时，通过国有企业固化城市劳动者，由政府统一调配劳动者与资本的连边关系。政府对城市劳动力的直接分配以及引导农村劳动力"亦工亦农"的迁移，为我国优先建立门类齐全的工业体系奠定了基础。当我国产业门类齐全后，计划机制无法再调配众多且复杂的劳资节点，只有市场机制才能激发劳资主体的积极性。

第二，劳动力节点的市场迁移设计。政府用市场机制引导劳资主体以利益为导向的连边与迁移，这不仅极大调动了劳资主体的积极性，还促使劳资节点迁移产生以"利益"为导向的大规模迁移。我国特色的劳资关系空间结构的形成与我国农民工流动特点密不可分。农民工受到政府的推动与引导，从"离土不离乡"的就地转移到"离土又离乡"的民工潮再到"返乡"支持社会主义新农村建设，是国家经济发展战略从非均衡发展向均衡发展，再到乡村振兴战略的转变结果。

3. 劳动力节点聚集（劳动自组织）的机制设计

虽然近年来我国劳资群体冲突频发，但由于公有制对资本的引导与示范作用，我国工人运动并不存在像同一阶段西方发达国家那样激烈的劳资冲突。因而我国工会的他组织路径比较明显。

第一，在我国劳动自组织演化第一阶段，劳动力节点连边以计划手段连边。政府对劳动力的机制设计加速了劳动者节点之间的连边。这与西方发达国家政府阻挠劳动者连边的做法迥然相异。劳动者迅速连边形成的工会不是对抗资本的劳动者集结组织，而是由政府自上而下组建协调劳动者进行社会主义建设的组织。

第二，在我国劳动自组织演化第二阶段，劳动力节点连边从计划连边向以市场机制重塑劳动节点连边转换。随着市场经济体制的建立和改革开放的发展，我国劳资关系开始市场化。原有单位的解体与国企的重组使工会组织随之撤并，劳动者原有的连边断开并寻求与私人企业连边；同时从农村迁移的农民工也进入私营企业。于是我国劳资关系中劳资关系凸显，劳资冲突主要集中在私营企业。此时，为了克服非国有部门劳动自组织组建的困难，政府开始自上而下组建工会并赋予劳动者集体协商的权利。工会不仅具有组织工人与资本谈判的作用，还会发挥对内的约束力，在实现共同利益诉求前，不允许工人破坏工厂设备。工会重视在事中、事后化解劳资冲突、解决劳资冲突，并规避了自组织演化的某些突变性，防止劳动者集体行动被外国资本利用。与西方发达国家破坏劳动自组织中心节点并造成严重劳资冲突的做法截然不同，我国工会是在政府推动下组织起来的。工会不仅作为劳资协商的一方调节了私营企业的矛盾，还对内解决职工困难，组织培训再就业等。

第三，在我国劳动自组织演化的现阶段，政府对劳动力的机制设计使我国劳动自组织出现多阶段、跨越发展的演化特征。首先，党的十八大以来，政府自上而下扩大"集体协商"制度的覆盖范围，有效地聚集了我国劳动节点，从而逐渐呈现出劳动自组织演化第三阶段的特征。其次，尽管我国工会规模迅速壮大，但由于劳资群体冲突的程度不高，难以紧密地聚集移动性较强的劳动者。政府通过互联网技术降低了移动性较强的劳动者连边的交易成本，利用"互联网＋工会"增加劳动者自组织的聚类系数并使工会组织结构扁平化，从而使工会具有第四阶段的结构特征。最后，推广社会主义劳动价值观、"工匠精神"与"企业家精神"，加强精神回馈机制在劳动者之间连边的作用，为工人阶级从"自在的阶级"升华为"自为的阶级"奠定基础，从而具有第五阶段的特征。

（二）资本节点生长、迁移空间的机制设计

1. 资本节点生长的机制设计

第一，资本节点生长的计划机制。新中国建立后，由于长期受战争的影响与帝国主义的封锁，资本极度缺乏，因此必须集中计划使用有限的资本来进行社会主义建设。1953 年我国首先对农业、手工业和资本主义工商业进行社会主义改造。社会主义改造使资本集中起来以建设我国工业化体系。与私人资本主导工业化的西方路径完全不同，新中国快速工业化过程是由国家主导的。工业化进程的主导力量是政府而非私人资本，并且在新中国成立后的数十年内完成了工业化原始积累，走完了西方发达国家上百年才能走完的积累过程。

第二，资本节点生长的市场机制。1978年改革开放后，由于资本贫乏，因此首先需要解决资本生长问题。鼓励资本的生长与放松企业设立的限制是优化劳资节点优化配比的重要条件。在农村，农村经营权私有化改革极大激励了农民的活力；同时，乡镇企业的兴起吸收了大量的农村富余劳动力。1980—1996年，农村工业化创造了1.3亿个岗位。在城市，国企的改革催生了私营企业的蓬勃发展。在以后的私人企业设立中，逐步降低企业设立门槛。2006年《公司法》修改，取消了按照公司经营内容区分最低注册资本额的规定；允许无形资产可以占注册资本的70%；允许设立一人有限责任公司等内容①。2014年《公司法》取消了公司注册实收资本的限制，降低了有限责任公司设立标准，删除了注册资本分期缴纳和最低缴款限制，取而代之的是股东认缴的注册资本。注册资本实缴登记制度转变为认缴登记制度，即企业股东承诺认缴多少就是多少，理论上一块钱也能办公司，极大激励了资本的蓬勃生长和企业的设立②。

由于单靠国内资本节点的积累所需时间较长，因此吸引外资也是快速改变我国资少劳多生产要素配比的重要因素。改革开放早期制定的《中外合资经营企业法》《外资企业法》和《中外合作经营企业法》（简称"外资三法"）给予了外商投资企业税收优惠条件，同时地方政府为了吸引外资给予了外商投资企业土地租赁优惠与补贴等政策。外国资本与我国劳动力连边，带来了技术、服务、管理经验，并充实了我国资本结构，助推了我国经济增长。随着我国资本的快速生长，从2014年开始，我国已经成为资本净输出国。于是，我国对外资的政策转变为以规制为主的国民待遇政策。

---

① 中国公司法，中国人大网，http：//www.npc.gov.cn/wxzl/gongbao/2014-03/21/content_1867695.htm。

② 中国公司法，中国人大网，http：//www.npc.gov.cn/wxzl/gongbao/2014-03/21/content_1867695.htm。

2. 资本节点迁移的机制设计

第一，用计划机制指挥资本节点迁移。新中国成立初期，优先建立工业体系的战略使资本主要通过计划手段集中在重工业，因此用计划的手段集中有限的资本为工业化服务成为我国的特色。1958年再对农业集体化做出制度化安排，使每年接近30%的农业的高积累强力转移到工业体系，向城市输送工业化的资本。新中国成立后的30年，政府引导资本的行业与空间分布，建立起了完备的工业体系。

第二，用市场机制引导资本节点迁移。当工业体系基本健全后，政府不再通过计划手段来规定资本的流向，而是基于市场规律引导资本的流动以设计资本的行业与空间分布。改革开放后，政府先通过设立经济特区来引导资本的区域流动，以经济特区作为增长极带动区域经济的发展。随后引导资本流向"经济特区—沿海开放城市—沿海经济开放区—内地"这样一个的布局。当区域经济发展不平衡时，又通过西部大开发、中部崛起、乡村振兴等战略引导资本向中西部、向农村平衡流动。

（三）劳资节点匹配的机制设计

1. 调节劳资节点的数量配比

劳资节点的数量配比是实现劳资生产要素市场配置效率的第一步。在中华人民共和国成立初期，政府把私人资本收归国有来集中使用，以优化劳资节点配比。改革开放后，政府降低人口节点的代际更新速度来控制劳动力节点的数量；同时，政府强化国有资本的积累、培育民营资本，并吸引外国资本以改变我国资少劳多的生产要素数量配比关系。

2. 引导劳动力节点与资本节点迁移方向匹配

第一，计划经济时期，劳动力的迁移与资本流动的方向一致。

以计划手段引导资本在农业、轻工业、重工业之间的转移，优先发展重工业。在资本的区域布局中，注重沿海工业与内地工业的平衡，并分配劳动力去企业工作。在三线建设中，政府向中西部投入了占同期全国基本建设总投资的40%多的2052.68亿元巨资；分配了400万劳动力，建起了1100多个大中型工矿企业、科研单位和大专院校[①]。

第二，市场经济时期，劳动力的迁移与资本流动的方向一致。经济特区、沿海开放城市、沿海经济开放区形成了一条从南到北对外开放的前沿阵地。这些地区首先利用了外国资本在全球范围内与劳动力节点连边的机遇，运用税收优惠等手段吸引外资节点进入经济特区，引起了一系列现代企业制度、政府管理体制、价格体制、劳动人事制度和工资制度以及财政金融体制等方面的改革。当沿海地区领先发展造成了区域经济发展不平衡时，又通过政策引导劳动力与资本回流。

3. 引导劳动力有序流动是劳资关系空间结构稳定的关键

虽然我国劳动力节点迁移与资本节点迁移方向匹配，即都是自西向东，由内地到沿海，由农村到城市；但是我国劳动力流动政策的拐点是在2012年实施《关于积极稳妥推进户籍管理制度改革的通知》之后，而资本流向的政策拐点是1992年南方谈话之后，两者相差20年。究其原因，这正是政策"用时间换空间"的寓意，即我国政府引导劳动力有序流动，在防止原有结构坍塌的同时，促进了新的劳资关系空间结构的建立。1978—2011年，当我国的产业升级还没有完成，经济增长和就业对劳动力密集、附加值低的出口加工业的依赖还没有彻底摆脱时，城市的就业容量也就更容易受到世界经济波动的影响。因此，中国特色的农民工的迁移，即农民工

---

① 张勇：《介于城乡之间的单位社会：三线建设企业性质探析》，《江西社会科学》2015年第10期。

本身是一个兼有农民与工人两重身份、村民与市民两种特征的角色，维持着"半工半耕""半城市化"的状态；其既没有造成农村、农业由于劳动力的快速转移而造成网络原结构的坍塌，同时能够在经济增长的同时保持劳动力相对低成本的竞争优势。当东部地区聚集了大量资本，由于资本边际收益递减规律，东部的资本边际收益显著下降。因此，需要引导部分劳动力回流农村支援新农村建设，而部分高素质劳动力持续进入东部高科技行业继续支持产业结构升级。

（四）劳资节点连边的机制设计

计划经济时期，政府通过国有部门、集体经济固化城市劳动者，并统一调配劳动者与资本的连边关系，从而建立起门类齐全的工业体系。当我国产业门类齐全后，由于资本自我积累的速度缓慢，亟须引进外资与私人资本。因此，计划机制无法再调配劳资系统中众多的劳资节点，只有市场机制才能与劳资系统产生协同效应①。改革开放以来，我国逐步建立了社会主义基本制度与市场经济耦合的网络。从计划到市场的转变，使原有政府规划劳资节点连边的行政命令转到以利益为导向的市场机制。市场机制引导劳资主体以利益为导向的连边与迁移，这不仅极大调动了劳资主体的积极性，还促使劳资节点迁移出现新特征。

"双轨过渡"、先试点再推广等以增量改革带动存量的方法减少了改革的不确定性、降低了改革成本。特别是针对劳资节点的断边重连机制，防止新旧劳资关系结构更替时出现大面积坍塌的政策，使我国形成了公有制与市场经济耦合的网络结构。国企改革虽然在一定阶段内造成了大量工人下岗，但私营企业的发展为吸纳富余人

---

① 许清清、路兰：《基于复杂网络视角的马克思劳资系统演化机制与中国路径》，《理论探讨》2017年第3期。

员提供了解决的途径。随着国有企业逐步建立现代企业制度，并逐渐重新成为市场经济主体的同时，引导非公有制经济发展，公平参与市场竞争。因此，我国渐进性改革避免了原有劳资结构坍塌，避免了如果新的以市场为导向的劳资结构尚未连边建立所导致的经济倒退。

第六章

党的十八大以来劳资合作
关系演化新路径

党的十八大以来，无论是从经济基础还是经济总量角度，我国已经从一个生产力落后的国家变成了世界第二大经济体，社会主要矛盾中的"落后的社会生产"问题已经得到了解决，国内新的社会矛盾开始出现。同时，在我国崛起的过程中，国际摩擦日益增多，给我国劳资关系提出新的挑战。

第一节 党的十八大以来劳资合作关系面临的新挑战

一 经济进入"新常态"时期

从 2012 年开始，我国经济进入了"新常态"时期。2016 以来，经济增速放缓后，在底部徘徊一段时间，经济调整周期为"L"形，而不是"V"形。在"L"形调整过程中，随着过剩产能的化解、僵尸企业的出清与供给侧结构调整的深入推进，我国龙头企业资产负债表逐渐修复。龙头企业通过规模效应，打通了产业链上下游，节省了成本，更新了设备，投入了研发，从而提高了行业集中度。经济周期"L形"调整使我国经济软着陆，其虽比西方危机式调整的过程要更长一些，但是经济的探底没有西方程度深，对社会资源的浪费程度和引起的劳资冲突程度要小很多。2018 年以来，美元再度大幅走强、中美经贸摩擦等原因使中国经济面临外需衰退与外汇储备持续减少的困境，这极易引发国内资产风险甚至金融风险。这些经济潜在的动荡因素极易破坏劳资关系。

二 劳动力供求总量矛盾和就业结构性矛盾并存

劳动力从高出生、高死亡转向低出生、低死亡是人口数量演化的必然规律。根据国家统计局的数据，2017 年我国出生人口数是 1723 万人，比 2016 年下降 63 万人，劳动力人口（15—64 岁）人口迅速下降。从 2014 年开始，人口从正增长转为负增长，并且成连续下降态势（图 6 - 1）。劳动力新增节点的速度放缓，劳动力代际更新与资本节点的不匹配，容易造成劳资合作结构出现坍塌，使劳资关系演化乏力。现阶段，劳动力不仅存在供求总量矛盾，而且还存在就业结构性矛盾。由于劳动者的技能水平与岗位需求不匹配，专业技术技能人才严重短缺，特别是人工智能、大数据等新技术专业人才。因此怎样构建劳资关系结构不仅是解决劳动力就业结构性矛盾的关键，也是产业结构升级的基础。

三 新生代农民工特质的改变

传统的老一辈农民工具有吃苦耐劳、知识贫乏、隐忍等特质，因此在权利遭到侵害时，多选择退让忍耐；而新生代农民工具有与父辈完全不同的特质。他们内心渴望融入城市，却游离在城市空间边缘，情感与空间的冲突使得新生代农民工比父辈更加依赖网络世界。网络世界使农民工从父辈以亲戚、朋友、老乡的社交圈逐渐过渡到以网络世界的聚集，因此更快的信息传播与新生代农民工维权意识的增强直接导致了劳资冲突的频率、规模的逐年上升。劳资冲突从小型企业蔓延到知名大型企业；工人诉求从加薪要求逐步发展

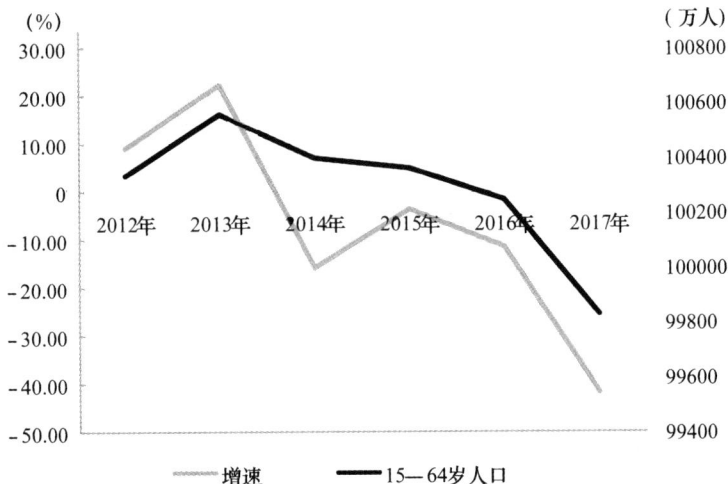

图6-1 历年劳动力人口（15—64岁）及人口增速

数据来源：国家统计局网站。

到社保、养老金等诉求。

新生代农民工不仅具有更强的自我意识，而且还具有抛弃农业的迁移特征。农村原有的网络结构开始减点撤边；同时由于劳动力成本的提高使部分外资撤离，原有外资企业也开始减少资本节点并撤销与农民工的连边。因此，面对劳动力节点演化的新特点，游离在城市边缘的新生代农民工如何与城市资本建立连接，怎样引导部分资本与农民工回流到农业、农村，新的农村网络结构能否在原有网络结构坍塌前建立等问题十分关键。

第二节　党的十八大以来劳资合作进入的新阶段

党的十八大以来，各地党委、政府深入贯彻习近平总书记重要讲话精神，经过各级人社部门的共同努力，我国劳资力量日渐趋于平衡，并加快进入了劳资合作的新阶段。

一　资强劳弱不平衡的劳资关系趋于平衡

党的十八大以来，资强劳弱不平衡的劳资关系趋于平衡。不但保护个人劳权的劳动合同制度全面实行，而且全国集体合同签订数量与覆盖职工人数都呈现出上升态势（图6-2）。据人力资源社会保障部统计，截至2017年末，全国企业劳动合同签订率达到90%以上，经全国人社部门审查并在有效期内的集体合同达到183万份、职工1.60亿人①。

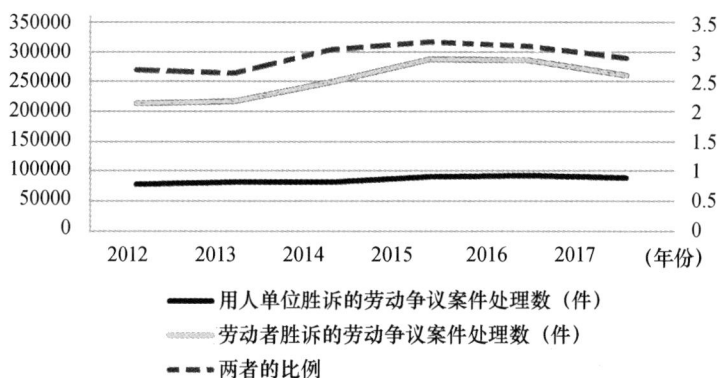

图6-2　2012—2017年集体合同签订数据

数据来源：历年人力资源和社会保障事业发展统计公报。

党的十八大以来，集体协商工作不断推进，协调劳资关系的三方机制逐步健全。劳方协商主体逐步建立，全国工会规模逐渐扩大。截至2017年末，全国已建工会基层组织数280.9万个，工会组织基层位的会员人数30311.2万人（图6-3）。

党的十八大以来，各级劳动人事争议调解仲裁机构持续加强队

---

① 《就业总量持续增长　就业结构调整优化》，中国政府网，http://www.gov.cn/xinwen/2018-09/12/content_5324650.htm。

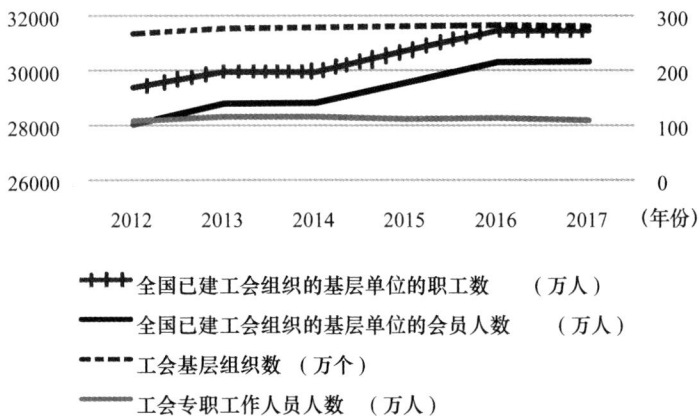

全 ++++ 全国已建工会组织的基层单位的职工数 （万人）

—— 全国已建工会组织的基层单位的会员人数 （万人）

- - - 工会基层组织数 （万个）

—— 工会专职工作人员人数 （万人）

图6-3 2012—2017年工会数据

数据来源：历年人力资源与社保统计年鉴。

伍建设，日趋完善调解、仲裁制度，逐步提升专业性劳动争议调解工作能力，积极推进争议处理效能建设，不断强化调解仲裁服务社会的能力。截至2017年末，全国各地调解仲裁机构共处理争议案件805.8万件，用人单位胜诉的劳动争议案件处理数89928件，劳动者胜诉的劳动争议案件处理数259898件，劳动者胜诉比例远超用人单位（图6-4）。

党的十八大以来，政府不仅加强了对特殊群体的保护，构建了强有力维权后盾，还实现了维权工作源头参与。中华全国总工会先后参与制定《关于进一步做好建筑业工伤保险工作的意见》《国务院办公厅关于全面治理拖欠农民工工资问题的意见》《关于加强农民工尘肺病防治工作的意见》等重要法规文件，重点治理拖欠农民工工资与职业保护等问题。同时，劳动保障监察部门创新"两网化"管理的监管模式，全面推进劳动保障监察。

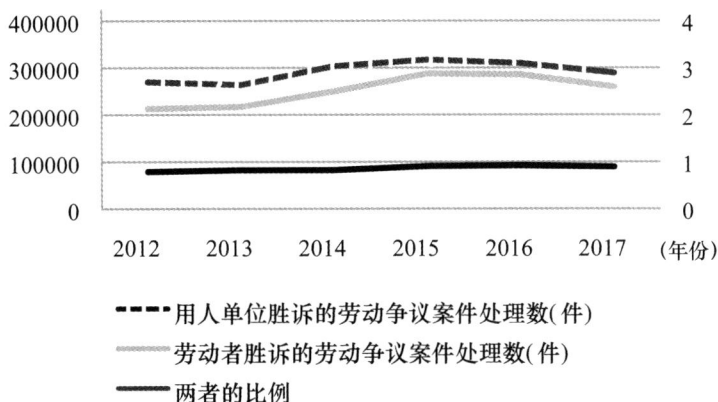

图6-4　劳动争议案件处理数据

数据来源：国家统计局官网。

二　收入分配不均的趋势减缓

在改革开放之前和初期，民众的主要问题是温饱问题，吃饱穿暖是主要目标。伴随着社会生产力的快速发展，中国的温饱问题已经解决了，而且大部分人已经过上了小康生活。但是由于收入分配和社会保障制度还不健全，劳资分配不均的现象依然存在。资本仍然凭借强势地位在剩余分配中处于支配地位，这与改革开放初期资本的稀缺性休戚相关。根据国家统计局的数据，2003—2012年中国居民人均可支配收入基尼系数一直处于高位（图6-5）。2003年居民收入基尼系数为0.479，2012年为0.474。2012年后，我国基尼系数急剧下降。

党的十八大以来，政府对于之前失衡的劳资利益分配格局进行了调整，企业工资收入分配制度逐步完善，收入分配趋势得到了改变。2015年基尼系数为0.462，为十几年来历史的最低点。政府在初次分配中不仅重视效率，更强调公平。在收入分配制度"限高、

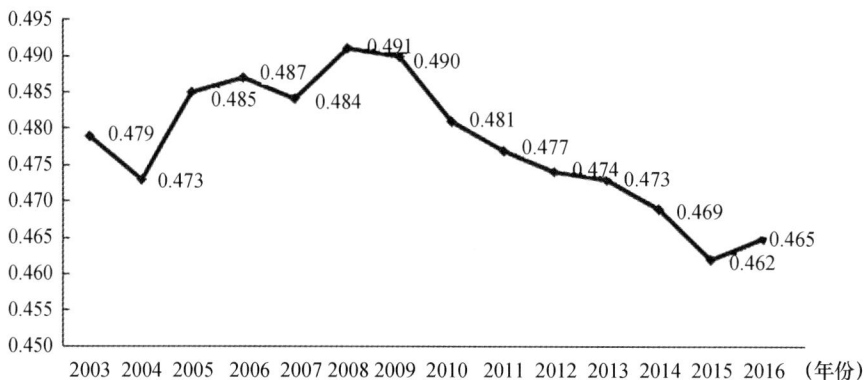

图 6 - 5　2003—2016 年中国居民收入基尼系数

数据来源：国家统计局网站。

扩中、提低"的改革策略中，最重要的是改善工资决定机制。工资分配的权力不应由资方单方独享，而应由劳资集体协商来决定劳动者工资。政府不仅注重推进集体协商机制，更重要的是构建一个以集体协商为基础的更为公平合理的收入分配体系，从而使劳资利益分配格局得以调整。于是，劳动者收入偏低状况得以改善，劳动分配关系中的突出矛盾得到有效解决。收入分配格局与趋势的改变使劳动者共享发展成果，因此劳动者主动提高劳动生产率，逐步形成劳资合作共赢关系。

三　企业民主建设新格局形成

党的十八大以来，政府高度重视企业民主管理制度建设，保障职工参与管理和监督的民主权利。企业民主主要包括两个方面，一方面是企业管理民主，通过职工董事、监事、职代会制度，劳动者参与企业生产经营管理活动。劳动者参与企业管理与监督可以让劳动者发挥职工的聪明才智，保证职工平等参与、平等发展的权利，促进企业内部权利公平、规则公平，从而实现依靠劳动者的集体智慧来推动企业和谐发展。另一方面是利益分配民主，通过企业集体协商和集体合同制度来协调工资、福利等劳动经济权益的分配，以保护和调动职工的积极性和创造性。企业民主协商的结果会让劳资利益达到一个均衡点，其不仅是劳动者合理需求的反映，也是减少劳资双方利益冲突实现劳资合作的基础。无论是召开职工董事监事会议、职工代表大会，还是开展集体协商，这些企业民主管理形式都是发扬民主、集思广益的过程，都有助于进行民主决策与科学决策。

四　新的劳资关系结构建立

第一，劳动者联合的结构。"互联网＋工会"不仅增加了劳动者自组织的聚类系数，还改变了传统工会的层级结构，从而使劳动者迅速集结。政府以工会为中心节点吸引劳动者入会，壮大了劳动者的群体组织，增强了弱势劳动者群体的力量。

第二，劳动者创业的结构。"大众创业、万众创新、万物互联"使劳动者在就业与创业过程中，改变了传统的就业观念。创业者本身成为一个节点，利用自身的社会资本构建创业网络，从而改变了传统的雇佣层级结构。

第三，劳资合作的结构。随着资强劳弱不平衡的劳资关系趋于平衡，员工持股在公司治理中推行，劳资双方在企业中的合作空间结构由层级制度趋于扁平化。劳动者参与企业管理，不仅可以激发劳动者的主观能动性，还能使企业更快速地对市场变化做出反应，并推出满足消费者个体化的产品。

第三节　党的十八大以来构建劳资合作
关系的机制设计

党的十八大以来我国积极探索"中国特色和谐劳资关系"，并逐步形成了迥异于西方发达国家的劳动关系的治理思想和制度安排。2013 年 11 月，十八届三中全会强化了国家主导与劳资参与相结合的劳动关系调整模式，要求加强劳动关系矛盾的源头治理，构建特色和谐劳动关系。2014 年 4 月，人社部、全国总工会、全国工商联等部门联合下发《关于推进实施集体合同制度攻坚计划的通知》，要求从 2014 年至 2016 年，在全国范围内推进实施集体合同制度攻坚计划。同月，"全总"下发《深化集体协商工作规划 (2014—2018 年)》，以工资集体协商为重点切实打造平等协商和集体合同制度建设的"升级版"。2015 年 3 月，中共中央、国务院发布了指引劳动关系发展的纲领性文件《关于构建和谐劳动关系的意见》，其不仅根据我国劳动关系面临的问题与挑战，明确了构建和谐劳动关系的重大意义、指导思想、基本原则、目标任务和政策措施，还对构建和谐劳动关系提出了新的定位。这为开展和谐劳动关系工作提供了基本遵循，为更好地探索和把握社会主义市场经济条件下劳动关系规律提供了基础。2015 年，政府相继出台一系列创新、创业具体文件，例如《国务院关于大力推进大众创业万众创新若干政策措施的意见》《国务院办公厅关于支持农民工等人员返乡创业的意见》《中华全国总工会农民工工作规划（2016—2020年)》等。

2016 年，为了培养大众创业意识，构建创业帮扶体系，国务院分别对于创新创业示范基地、创业投资健康发展和下乡人员创新创业三个大问题颁布了《国务院办公厅关于建设大众创业万众创新示范基地的实施意见》《国务院关于促进创业投资持续健康发展的若干意见》和《国务院办公厅关于支持返乡下乡人员创业创新促进农村一二三产业融合发展的意见》。2017 年 2 月，国务院颁布了《"十三五"促进就业规划》，旨在进一步加强就业创业的战略引领、明确主要任务、细化政策重点，其是"十三五"时期指导全国促进就业工作的战略性、综合性、基础性规划。同年7月，国务院颁布了《关于强化实施创新驱动发展战略进一步推进大众创业万众创新深入发展的意见》，力求系统性优化创新创业生态环境，突破发展瓶颈，充分释放全社会创新创业潜能。2018年，发改委等相关部门分别于7月、9月颁布了《关于大力发展实体经济积极稳定和促进就业的指导意见》和《关于发展数字经济稳定并扩大就业的指导意见》两个文件，分别在实体经济领域和数字经济领域抢抓发展机遇，着力稳定和促进就业。同时，国务院于9月颁布了《关于推动创新创业高质量发展打造"双创"升级版的意见》，深化了创新驱动发展战略，推动了创新创业高质量发展。2019年，针对我国就业形势保持总体平稳，但国内外风险挑战增多，稳就业压力加大的新形势，国务院于12月印发了《国务院关于进一步做好稳就业工作的意见》，为全力做好稳就业工作提出意见。2020年，为应对突如其来的新冠疫情对就业的冲击，人社部、全国总工会等和国务院先后颁布了《关于做好新型冠状病毒感染肺炎疫情防控期间稳定劳动关系支持企业复工复产的意见》和《关于应对新冠肺炎疫情影响强化稳就业举措的实施意见》，力求加快恢复和稳定就业。7月，发改委、工信部、人社部等联合发布《关于支持新业态新模式健康发展激活消费市场带动扩大就业的意见》，同月，国务院也印发《国务院办公厅关于支持多渠道灵活就业的意见》，使个体经营、非全日制以及新就业形态等灵活多样的就业方式，在抗击新冠肺炎疫情的经济恢复中发挥了不可替代的积极作用。为了继续推进创新创业工作，尤其是农村地区的落实，国务院和人社部、农业农村部等先后颁布了《国务院办公厅关于提升大众创业万众创新示范基地带动作用进一步促改革稳就业强动能的实施意见》《关于做好当前农民工就业创业工作的意见》《关于进一步推动返乡入乡创业工作的意见》以及《关于深入实施农村创新创业带头人培育行动的意见》

多个文件。

一　政府对劳动力节点的机制设计

第一，增加了劳资关系中的劳动力节点增长的速度。"全面二孩"政策有效地增加了劳资关系中的劳动力节点，为劳资关系的平衡提供可持续发展的动力。

第二，提高了劳动力人力资本存量，增强了特殊弱势群体的技能。从 2016 开始，各级工会紧密结合农民工等人员返乡创业培训需求，充分发挥优质培训资源作用，有针对性地为农民工提供就业和创业培训，提升其技能等级。

第三，积极组建工会网络，推进劳动者形成连边，特别是引导特殊弱势群体（农民）入会。政府持续扩大工会在农民工的组织覆盖率，以点带面推进农民工入会和组建地域性、行业性工会联合会。普遍推行"1 + N + X"模式（1 即工会联合会，N 即工会联合会下属单建工会，X 即工会联合会下属联合基层工会），同时完善地域、行业—企业"小二级"工会组织体系。

第四，政府构建个体劳动者协商底线，保障劳动者权利。从劳资谈判的底线角度出发，强调切实保障劳动者最基础的一系列权利，包括取得劳动报酬、休息休假等权利。不再仅仅强调用"书面劳动合同签订率、劳动合同的期限长短、集体合同覆盖人数"等一系列指标形式化衡量劳资关系是否和谐，而是将调整劳资关系的重心从追求形式化的指标转向提升劳动者权利的切实保障。

第五，"大众创业、万众创新"政策使一部分劳动者开始自主创业。政府以服务就业和经济发展为宗旨，健全完善创业培训体系，鼓励以创业带动就业，大力开展创业培训，全面激发劳动者创业热情，有效地促进劳动者创业就业。

第六，用"人才政策"控制引导高端人才的流动。随着人口红利的消失与产业结构的升级，地方政府为了地方经济的可持续发展，用"人才政策"吸引高级人力资本流动到本区域。

二　政府对资本的机制设计

第一，积极推进"供给侧"改革，用"三去一降一补"去产能，关闭僵尸企业，引导资本进行兼并，从而实现劳资生产要素空间结构的最优配置，扩大有效供给。

第二，深化金融体制改革，强化资本市场功能，建立多层次资本市场，防范金融系统风险。完善金融体系，逐步建立多层次资本市场，使企业融资渠道更为多元化。例如，2018 年 11 月 5 日在上海证券交易所设立科创板并试点注册制，激发了资本市场活力，促进了资本市场长期健康发展。

第三，引导资本履行社会责任。树立"以人为本"的管理理念，强调企业对员工人身安全、职业健康以及合法权益的重视。对中小企业经营者普及劳动法规的教育培训，营造鼓励企业履行社会责任的环境。

三　政府构建劳资关系空间结构的机制设计

第一，防止原有劳资结构坍塌。针对外商投资企业的撤离所引起的原有劳资结构坍塌，有序地引导劳资博弈的回合和流程，防止劳资冲突扩大为社会冲突。针对劳资断边析出的劳动力，积极引导劳动力节点的区域、行业转移。政府在农村土地流转基础上，实施"乡村振兴战略"以引导资本节点进入农业、农村，解决劳资节点的结构分布问题。政府通过改善了供水、供电、信息等基础设施加快资本与农村劳动力的迁移，并引导了资本与农村劳动力在农村区域实现连边以进行新农村建设，从而推动城乡发展一体化。

第二，扩大劳资合作空间结构。坚持出口和进口并重，加快企业走出去的步伐。统筹双边、多边区域，开放合作以提高抵御国际经济风险能力。通过"一带一路"扩大国内资本与国外劳动力的连边范围。进一步破除阻碍劳动力节点自由迁移的制度障碍，将劳动力的产业流动与产业结构升级、劳动力的空间流动与城市化进程结合起来。政府建立线上线下服务体系为返乡农民工回乡创业提供指导，从而构建农业、农村劳资合作空间结构。

第三，创新创业与就业的空间结构。大众创业、万众创新使创业者成为中心节点，劳动者的身份既是创业者也是就业者。其以自身的社会资本为连接，改变创业就业的网络，颠覆了传统资本雇佣劳动的就业结构。

四　政府平衡劳资力量的机制设计

第一，培育劳资协商主体。由于资强劳弱，劳资协商主体力量不对等。因此，党的十八大以来，为了培育劳方协商主体，促进我国劳动力节点有效地聚集，政府自上而下组建工会，特别是促进农民工弱势群体加入工会。为了使工会成为劳动者组织的代表，在工会的组建过程中，坚持基层工会主席民主选举产生，并探索基层工会干部社会化的途径。这不仅加强了劳动者对工会的认同感，也促进了基层工会的民主性。同时，对于资方组织，定位企业组织而非行业组织作为协商主体，积极组建基层企业代表组织参与集体协商。

第二，构建平衡劳资主体的机制。政府从对企业用工方式的直接干预，转到注重构建平衡劳资力量的各种机制。党的十八大以来，更强调事前的预防与协调，构建劳资关系矛盾内部协调处理机制与常态化的沟通机制。一部分机制有助于劳资关系的内部协调的制度，例如民主管理制度、厂务公开制度等；另一部分机制则为解决劳资关系问题提供了便捷有效的救济途径、纠纷解决方式以及秩序维护机制，例如劳动保障监察制度、劳动争议调解仲裁机制、劳资关系群体性事件预防和应急处置机制。这些机制使处理劳资关系关口前移，有助于劳资主体形成对利益与权利争端的化解能力，有助于形成良好的劳资合作关系。

第三，从劳资关系管理上，从"重管制"到"重自治"。政府过去强化了劳资关系的外部性管理，直接设定了劳动合同运行过程中的劳资主体权利、义务的细节与法律责任。当劳资主体发生争议时，当事人主要诉诸事后救济性质的劳动监察、劳动仲裁与法院等外部机构来解决劳资争端。党的十八大以来，政府不仅注重劳资冲突的事后解决，还积极推进了"集体协商制度"等劳资关系的事前协调机制。

五　政府对劳资连边的机制设计

第一，优化劳资生产要素空间结构的配置，通过促进劳资合作来扩大有效供给；"创新、协调、绿色、开放、共享"五大发展理念，促进劳资合作创新，为劳资结构升级奠定基础；协调劳资区域空间结构，促进经济社会协调发展；促进劳资和谐共生，推动建立企业与环境绿色低碳循环产业体系；在世界范围内构建广泛的劳资利益共同体，推广社会主义劳动价值观；坚持劳资共享发展，构建劳资共享的机制。

第二，深化经济体制改革，规范"法制"建设，完善中国特色社会主义法律体系，加强重点领域立法，减少劳资节点连边的交易成本，提供稳定的市场制度环境与预期。处理好政府与市场关系，确保决策权、执行权、监督权既相互制约又相互协调，确保国家机关按照法定权限和程序行使权力，减少个别权力中心对劳资节点连边的错配，从而更好地发挥政府作用。

第三，弘扬我国"传统文化"，以共同信仰凝聚劳资节点，减少劳资节点连边的交易成本，提高劳资连边概率。"社会主义核心价值观"有助于突破劳动力节点以利益为导向的连边，从而构建以精神满足为导向的连边。

第四，用市场机制与产业政策创新劳资连边。与资本主义国家先自由放任发展后政府再进行干预的市场机制不同，我国建立市场机制之初就是有宏观调控的市场机制。党的十八大以来，面对全球经济复苏持续乏力、国内经济因"三期叠加"而结构性矛盾突出的新常态，劳资能否成功连边，企业能否渡过难关，中国特色的劳资连边机制非常关键。政府运用产业政策在经济下滑阶段，补贴基础性行业与重点企业，使这些企业的劳资连边在经济危机中没有立即断边，并保证了原有的劳资合作结构；等企业一旦渡过难关就能迅速恢复生产。对一些濒临破产的劳动密集型企业，政府积极组建新行业、新产业以引导劳动力转移，但当新的劳资合作结构尚未建立时，暂时使僵尸企业继续存在以延缓旧的劳资合作结构解体对社会的冲击。因此，政府运用市场机制与产业政策创新劳资连边，虽然从单个企业效率上来讲，可能是低效的；但从整个社会来讲，是具有社会效率的，其对我国经济的长远发展具有重要的积极的意义。

第七章

构建劳资合作关系的政策建议

我国已经呈现出劳资关系演化多阶段与特殊路径的特征，因此怎样继续顺利从第二阶段跨越到第五阶段，亟需政府的机制设计。根据劳资关系演化规律，明确我国劳资关系演化阶段，我国政府可以在劳资关系演化一、二阶段实现劳资平衡的合作常态关系，并在演化三、四阶段迅速实现劳资合作，以促进技术与产业升级。

第一节　针对劳资个体节点的机制设计

一　针对劳动力个体节点的机制设计

第一，增加劳动力节点增长的速度。针对劳动力节点增长速度下降的问题，政府应该出台鼓励生育的政策。除了全面放开二胎政策，应根据与资本节点的配比，逐步推进全面放开生育的政策。在税收方面，对多子家庭提供个人所得税应扣除抚养成本后计征，拟开征的房产税应根据抚养人数减免后计征，以此减少抚养多子的成本。在社会抚养方面，增加基础公立幼儿园的配给，激励托幼机构提供 3 岁前孩子的抚养服务，以此解决孩子无人看护的问题。在婚姻保护方面，保护妇女在婚姻和生育中的合法权利，以增加其生育意愿。在家庭抚养方面，以"天伦之乐"的亲情倡导隔代看护的必要性，把"居家养老"和"隔代看护"结合起来，形成中国家庭抚养和赡养的特有模式。

第二，引导劳动力节点的迁移，构建劳资合作空间结构。优化人口年龄结构，保持相对开放的劳动力迁徙政策，引导年轻人口特别是高素质劳动力跨区域流动。基于各区域的发展，优化劳动力的空间结构分布，引导与经济结构布局相适应的劳动力向相应区域与产业聚集。

第三，提高劳动力人力资本含量。加快教育现代化，发展素质教育。推动城乡义务教育一体化，高度重视农村义务教育；推广网络教育使绝大多数城乡新增劳动力接受高中阶段教育。完善职业教育和培训体系，根据人力资本含量提供分层次的职业技能培训，使新生代农民工、高校毕业生等各类群体都能多渠道地提高知识技能。支持和规范社会力量兴办教育，建设学习型社会，从而提高劳动力人力资本含量。

第四，搭建人力资本创新平台，强化劳资合作。加快双一流大学和一流学科建设，深化产学研融合，促进校企合作，高校、企业、政府共同搭建人力资本创新平台，培养造就一大批具有国际视野的战略科技人才、国际水平的专业领军人才与高水平劳资创新团队以实现突破性技术创新。

第五，减少劳动力节点迁移成本与连边成本。首先，进一步破除阻碍劳动力节点自由迁移的制度障碍，深化户籍制度改革，创新人口管理，积极引导农民工返乡创业，将劳动力的产业流动与产业结构升级、劳动力的空间流动与城市化进程结合起来，以减少区域空间发展不平衡性。同时防止外商撤资造成的劳资断边所引起的原有结构的坍塌。其次，通过技术手段如"区块链"等来量化信任机制，以此减少劳资节点连边的交易成本，促进劳资节点断边后迅速重连。进一步发展区域轨道交通，大力提高轨道交通路网密度，增加劳资节点移动的速度，降低劳动力节点迁移成本。最后，坚持互联网等新型生产资料的国家所有，通过完善相应的法律和法规来降低各组织的机会主义倾向，保证网络运行的高效率，从而减少劳动力节点迁移成本与连边成本。

二　针对资本个体节点的机制设计

第一，改变市场中资本的相对稀缺状态，鼓励资本节点的成长即新生资本的发育，营造鼓励中小企业生存的制度环境。这样既增加市场中资本数量，但又不会增加强势股东的比例。

第二，引导资本脱虚向实，解决实体经济"融资难、融资贵"等问题。深化金融体制改革不仅要加快资本增长速度，还要增强资本服务实体经济能力。首先，去除房产金融属性，强化房产的居住属性，逆转经济脱实向虚的趋势，有序引导资本从房地产行业转出到其他实体经济，以增强资本更好地服务实体经济的能力。其次，推动多层次资本市场建设，创新企业融资渠道。优化企业融资结构，提高内源性融资比重。再次，鼓励企业内部员工持股，构建多种员工持股模式以激发员工的努力程度。最后，积极发展债券市场，丰富债券市场品种，规范企业对内部员工发债的渠道与制度，扩大债券融资规模，从而更好满足企业对资本的需求。

第三，健全金融监管体系，强化金融风险源头管控，防止发生系统性金融风险。既要防止大股东利用内幕消息操纵股票市场以侵占小股民利益，又要防止大股东过度质押引发金融风险，同时还要加强对跨境资本流动的监测，严防跨境资本撤离对我国劳资连边以及劳资合作结构带来的冲击。

第四，拓展企业家精神生长空间，营造精益求精的敬业风气，激发和保护企业家精神，发挥企业家创新创业的能力。

第二节　针对劳资群体节点的机制设计

政府加点连边机制可以不同程度地改变劳资关系内部拓扑结构与聚类系数，改变劳资节点群体的力量，从而影响自组织运行的方向和过程。平衡的劳资关系是进入劳资初级合作阶段的关键。为了平衡劳资关系，政府可以从制衡强势资方与增加劳方的力量两个方面入手。

一　平衡劳资力量以促进劳资合作

（一）制衡强势资方

第一，降低控股股东持股比例。修改公司议事投票制度引导大股东减持股份，从而改变市场上强势股东股权的比例；同时建立员工持股的制度，其作为一种联合起来的股权份额可以制衡强势股东的股权。

第二，构建共同治理的公司治理结构。控股股东在内部公司治理中，易与管理者结盟侵占小股东与员工的利益。控股股东在企业内监事会形同虚设，独立董事如同"橡皮图章"。因此我国在构建公司内部治理结构时，制衡控股股东的控制权对董事会的控制，对独立董事的控制，对监事会的控制就成了亟待改进的问题。改革传统"三会模式"的公司治理结构，修改"三会"劳资成员的组成比例，建立劳资合作的"共同治理"结构。"共同治理"使员工选举董事会中自己的代表，从而通过制衡强势资方来减少控股股东对董事会的控制。

第三，倡导资本承担社会责任。企业不仅要承担对股东和员工的责任，同时还要承担社会责任，即承担对消费者、社区和环境的责任。首先，在劳资关系方面不仅应消除任何形式的强制劳动，杜绝在用工与职业方面的差别歧视；而且还要保证劳动者加入工会的自由与参与集体协商的权利。其次，坚持人与自然和谐共生就必须遏制资本对自然资源的无度索取，把政府、市场、社群三者有机地结合起来，严格执行生态环境保护制度，通过技术革新来节约资源，降低企业生产成本，引导资本节约资源和保护环境，形成约束与激励并行的耦合治理机制，使企业从被动向主动承担环境责任的方向演化，自发地形成绿色生产方式和发展方式。最后，倡导企业参与公益事业，并与政府、社区共建环保基础设施，保护消费者、社区的利益与环境，这不仅有助于提升企业品牌形象、集中客户群体、培养利润增长点，同时还可以缓解城市经济发展与环境污染的矛盾。

（二）增强弱势劳方力量

第一，提高劳动者退出企业的底线，让劳动者的退出威胁可以得到置信。首先，完善社会保障体系，按照兜底线、织密网、建机制的要求，全面建成覆盖全民、城乡统筹、权责清晰、保障适度、可持续的多层次社会保障体系[①]。其次，改革国民收入再分配以照顾好绝大多数人民群众的利益，特别是农民的利益。最后，深入实施东西部扶贫协作，解决相对贫困问题，帮助扶贫对象返回劳动力市场。

第二，引导劳动自组织有序演化。政府赋予劳动自组织第一推动力以触动劳动自组织自发、自为地演进。根据劳资关系所处的不同演化阶段制定自上而下的制度，激发自组织主体能量的增长和功能实现。首先，增加劳动者自组织的聚类系数，利用"平台＋工会

[①]　习近平：《决胜全面建成小康社会　夺取新时代中国特色社会主义伟大胜利》，人民出版社 2017 年版，第 47 页。

+就业"，通过平台降低劳动者连边路径与交易成本，构建大型企业工会多层级的网络结构与小型企业工会组织扁平化结构，以就业利益吸引劳动者积极入会。其次，完善自组织工会对集体行动的引导，发挥工会对内的约束力。在集体协商实现共同利益诉求前，搁置个体利益；引导集体协商的步骤与协商的时间节点，做到有步骤地实现阶段性目标；同时引导劳动者集体行动，规范集体行动程序的步骤，防止劳动者集体行动被外国资本利用。

第三，发挥工会对劳资合作的积极作用。在经济平稳时期，工会号召劳资合作以进行技术创新、生产方式创新及商业模式创新。在经济危机时期，工会不仅要帮扶失业劳动力技能培训，还要号召劳资合作共同渡过经济危机时期。

二　改革国有企业以引导和谐劳动关系

第一，国有企业劳动关系改革应强调其是劳动者作为主人与生产资料相结合的社会主义生产方式，并引领其他各种所有制企业的劳资关系。国有企业应在传统的"老三会"（职代会、党委会、工会）的基础之上，通过员工持股等方式创新共同治理结构，使劳动者参与企业生产决策、人事变动、利润分配等重大事项的决议。

第二，国有企业应完善企业民主管理制度，一方面，强化职工董事与职代会制度，实现职工参与管理企业的职能，切实执行职工监事制度，鼓励职工监督企业；另一方面，积极推进厂务公开制度，建立企业管理者与一线劳动者的对话机制，推行企业职工民主评价制度，建立职代会立案制与动议制，提供全员培训制度，创新竞争上岗制度，激励劳动者团队生产，从而使国有企业劳动关系成为社会主义劳资关系的基础。

三　创新私营企业劳资合作关系

第一，积极引导私营企业走"产业民主"的道路。与西方私有制条件下的"产业民主"相比，我国私营企业劳资关系在国有企业劳动关系的示范作用下，可以学习国有企业在工会建设、员工持股、技术公开、工资协商等方面的制度，特别是劳动者以技术入股的激励机制。

第二，通过柔性企业管理、和谐企业文化等措施，逐渐形成劳资相同的价值观、行为准则与共同理想，从而有效缓解劳资之间的矛盾，提高劳动者的积极性、劳资合作效率与企业生产效率。

第三，发挥私人资本在劳资合作创新中的作用，搭建企业为主体、市场为导向的劳资合作创新技术平台，创建劳资合作创新激励机制与制度保障，特别是针对中小企业的劳资合作创新的激励。

第三节 深化劳资节点连边机制

一 完善社会主义市场经济体制

第一，为了促进劳资节点断边后的重连，提高劳资资源配置效率，需要完善要素市场。在确认资本要素产权的基础上，逐步建立确认劳动力产权的机制，加强对劳动力与资本的产权保护，以实现对产权的有效激励；加快要素价格市场化改革，有序破除约束要素劳动力自由流动的限制，以建立反应灵活的价格机制来引导要素流动。

第二，完善宏观调控，建立亲清政商关系新生态。在国家发展规划战略的基础上，引导劳资在新能源、新产业的连边，有序破除原有落后产业的劳资连边。破除行政垄断，防止市场垄断，打破区域性市场壁垒，完善市场监管体制，建立竞争公平有序的竞争环境与亲清政商关系新生态。

二 深化以市场机制为基础的产业政策

第一，以市场机制为基础的产业政策作为劳资的连边机制，既

191

符合劳资主体的利益，又兼顾了国家的产业空间布局。产业政策包括产业结构调整政策、设立开发区等区域性政策、农业与农村开发政策，这些不仅影响劳资节点的跨区域流动，更是直接引导劳资节点的连边与合作。

第二，产业政策的执行中政府官员的行为与市场信息的不完全将直接影响产业政策的效果。如果政府按照计划思维直接分配劳资连边，那么政府官员的权力寻租将直接导致劳资合作低效。因此，产业政策的实施一定要基于市场经济的规律，运用大数据完全化市场信息，并规避政府官员的寻租行为，以利益回报为导向来引导劳资合作。

三 弘扬传统文化以发挥"精神"连边机制作用

第一，培育和践行社会主义核心价值观使劳动者从"物质利益"连边演化为"精神"的连边。社会主义核心价值观是当代中国精神的集中体现，凝结着全体人民共同的价值追求。坚持马克思主义，牢固树立共产主义远大理想和中国特色社会主义共同理想，把社会主义核心价值观转化为全体人民情感认同和行为习惯。弘扬劳模精神和工匠精神，发挥中华优秀传统文化在劳资连边和劳动者之间连边的作用，引导劳动者连边从收益报酬递增机制转化到以精神回馈机制的连边，使工人阶级从"自在的阶级"升华为"自为的阶级"。

第二，构建中国特色和谐企业文化。和谐企业文化是摒弃单纯的谋利价值取向，兼顾企业的经济性和社会性的企业文化。首先需要政府从战略高度出发，有效地发挥公共行政力量对企业文化构建的推动作用，运用各种社会资源去支持和推动和谐企业文化的构建，使和谐文化从观念层面贯彻到制度及行为层面。其次，结合政府、社群、市场的力量，完善有效的外部约束机制，促进社群力量的增长，发挥社会团体在和谐文化中的作用。最后，以和谐企业文化调动员工工作的积极性和创造性，增加员工自我约束能力，增强组织凝聚力、抗风险能力和经营效率，促进企业经济效益的实现，从而实现劳资和谐发展的根本目标。

第四节　促进劳资合作空间结构平衡协调发展

一　扩大劳资合作连边范围

第一，引导资本向产业现代化方向转移，促进我国产业向全球价值链中高端迈进。坚持去产能、去库存、去杠杆、降成本、补短板，淘汰落后产能，深化"供给侧"改革使资本之间兼并重组以优化存量资本配置，提高资本供给体系的质量，从而实现资本供需的动态平衡。吸引资本向大数据、互联网、人工智能、智能制造、生物科技等行业转移，打造"物联网平台＋实体经济"，加快传统产业优化升级。

第二，引导资本与农村区域劳动力节点连边。农村基础设施建设需要大量的资本，但由于资本在农村、农业周转周期较长，回收较慢并具有一定风险，因此必须加强农村普惠金融创新力度，吸引资本进入农村、农业，为乡村振兴奠定基础。同时进行农村土地制度改革，使富余劳动力可以完全转出后与资本连边。积极探索农村合作组织改革，组成劳资合作的新模式。引导资本实现农业现代化，提高专业化生产程度，扩大生产经营规模，从而提高农业劳动生产率。加快循环农业发展，减少农业产业链的碳排放量，实现资本与农业、农村绿色协调发展。

第三，扩大劳资合作连边范围，推动形成全面开放新格局。积极推进"一带一路"，构筑国际劳资合作新平台，鼓励中国企业特别是有实力、信誉好的企业深化国际合作，打通关键节点城市，遵循共商共建共享原则，使我国资本在全世界范围内与当地劳动者连边，改变全球劳资合作空间结构，形成陆海内外联动、东西双向互济的开放格局。

二 促进劳资合作空间结构平衡

第一，深化区域协调发展战略，促进东中西区域劳资合作空间结构平衡。首先，针对东部地区，以创新引领东部地区产业结构升级，促进优势产业集群的发展。其次，引导部分东部资本流向中西部地区与当地劳动力连边，并加强中西部基础设施建设以承接东部地区部分产业转移。再次，发挥优势推动中部地区崛起，以绿色开发为导向推动长江经济带发展；强化举措推进西部大开发形成新格局，引导部分劳动力与资本回流。针对东北等老工业基地，改革投资环境，建立新型政商关系以吸引资本和劳动力的流入。最后，针对相对贫困区域，需引导资本发挥社会责任，参与基础设施建设，参与解决原有绝对贫困人口因搬迁安置所带来的转型贫困、流动性贫困等新型贫困问题。

第二，全面实行乡村振兴战略，引导资本与劳动力流向农业、乡村，在乡村区域内合作连边。促进城乡劳资合作空间结构平衡。首先，完善农业支持与保护制度以激励资本进入农业、农村，鼓励资本推动农业、农村现代化。其次，培育新型农业经营主体与新型职业农民，发展多种形式适度规模经营，深化农村土地制度改革，健全农业社会化服务体系，实现小农户和现代农业发展有机衔接。再次，逐步破除影响农村劳动力迁移的因素，加快农业转出人口市民化，以城市群为主体构建大中小城市和小城镇协调发展的城镇格局，同时引导农民工等群体返乡创业，激励城市科技人才反向流入农业、农村。最后，促进农村劳资连边机制的建立。加强 5G 互联网建设，保证就业信息的流通以支持和鼓励农民就业创业。

　　党的十八大以来，中央政府坚持问题导向，勇于打破传统思维定式，不断破解劳资关系工作中的体制与机制障碍；地方政府开展了构建中国特色和谐劳动关系综合试验区的尝试，鼓励基层大胆探索、敢于实践，积累了许多宝贵经验。随着我国在国际舞台上的崛起，国际摩擦的增大以及国内主要矛盾的转换，我国劳资关系改革面临着一定的压力。面对新形势，党的十九大创新和完善了中国特色和谐劳资关系的体制机制、制度体系和方式方法，加强了劳资关系矛盾的系统治理、依法治理、综合治理和源头治理，并提出了促进企业发展与维护职工权益等举措。展望未来，建设中国特色劳资合作路径将是我国"十四五"时期的一项长期重要任务。

参考文献

马克思：《资本论》，人民出版社 2018 年版。

毛泽东：《毛泽东选集》，人民出版社 1991 年版。

陈赤平：《公司治理的契约分析》，中国经济出版社 2006 年版。

陈宏辉：《企业利益相关者的利益要求：理论与实证研究》，经济管理出版社 2009 年版。

董保民、王运通、郭桂霞：《合作博弈论——解与成本分摊》，中国市场出版社 2008 年版。

范如国：《制度演化及其复杂性》，科学出版社 2011 年版。

［美］哈里·C. 卡茨等：《集体谈判与产业关系概论》，李丽林、吴清军译，东北财经大学出版社 2010 年版。

［美］何维·莫林：《合作的微观经济学——一种博弈论的阐释》，童乙伦、梁碧译，格致出版社 2011 年版。

马克·罗伊：《公司治理的政治维度：政治环境与公司影响》，陈宇峰等译，中国人民大学出版社 2007 年版。

聂辉华：《声誉、契约与组织》，中国人民大学出版社 2009 年版。

宁向东：《公司治理理论》，中国发展出版社 2005 年版。

［日］青木昌彦：《比较制度分析》，周黎安译，上海远东出版社 2001 年版。

［日］青木昌彦：《企业的合作博弈理论》，郑江淮等译，中国人民大学出版社 2005 年版。

荣兆梓:《通往和谐之路:当代中国劳资关系研究》,中国人民大学
　　出版社 2010 年版。

石岿然:《企业组织结构治理与组织模式选择的演化研究》,经济管
　　理出版社 2009 年版。

[美]托马斯·寇肯等:《美国产业关系的转型》,朱飞、王侃译,
　　中国劳动社会保障出版社 2008 年版。

汪小帆、李翔、陈关荣:《网络科学导论》,高等教育出版社 2012
　　年版。

王永乐:《激励与制衡:企业劳资合作系统及其效应研究》,经济科
　　学出版社 2010 年版。

杨其静:《企业家的企业理论》,中国人民大学出版社 2005 年版。

易余胤:《基于演化博弈论的企业合作与背叛行为研究》,经济科学
　　出版社 2009 年版。

张朋柱:《合作博弈理论与应用》,上海交通大学出版社 2006 年版。

蔡昉:《发展阶段转折点与劳动力市场演变》,《经济学动态》2007
　　年第 12 期。

蔡昉:《劳动力无限供给时代结束》,《金融经济》2008 年第 3 期。

蔡彤:《工会与集体博弈理论研究述评》,《经济学动态》2009 年第
　　6 期。

曹铭、张成科、朱怀念:《基于演化博弈的劳资关系分析》,《系统
　　科学学报》2016 年第 4 期。

曹霞、张路蓬:《利益驱动对创新网络合作行为演化的影响机理及
　　仿真——基于复杂网络拓扑结构视角》,《运筹与管理》2015 年
　　第 6 期。

曹霞、张路蓬、刘国巍:《基于社会网络结构的创新扩散动力机制
　　及其仿真研究》,《运筹与管理》2018 年第 5 期。

常凯:《劳动关系的集体化转型与政府劳工政策的完善》,《中国社

会科学》2013年第6期。

常凯、邱婕：《中国劳资关系转型与劳动法治重点——从〈劳动合同法〉实施三周年谈起》，《探索与争鸣》2011年第10期。

常凯：《中国特色劳动关系的阶段、特点和趋势——基于国际比较劳动关系研究的视野》，《武汉大学学报》（哲学社会科学版）2017年第5期。

陈微波：《公营部门劳动关系：对我国国有企业劳动关系的重新定位》，《现代经济探讨》2011年第12期。

陈微波：《论劳动关系的调节机制——以劳动契约和心理契约融合为视角》，《山东社会科学》2005年第1期。

程承坪：《企业所有权谈判力的影响因素分析》，《当代经济管理》2006年第10期。

程延园：《当代西方劳资关系研究学派及其观点评述》，《教学与研究》2003年第3期。

崔向阳：《转轨经济中构造劳资合作制度的博弈分析》，《当代财经》2007年第10期。

崔晓丽、孙绍荣：《无固定期限劳动合同制度下劳资博弈及临界点研究》，《企业经济》2009年第6期。

丁晓钦：《当代世界劳资关系的政治经济学观察——世界政治经济学学会第二届论坛综述》，《马克思主义研究》2008年第2期。

董保民、郭桂霞：《机场博弈与中国起降费规制改革——一个合作博弈论评价》，《经济学》2006年第7期。

韩喜平、徐景一：《马克思劳资关系思想解析》，《当代经济研究》2012年第8期。

黄少安、韦倩：《合作与经济增长》，《经济研究》2011年第8期。

黄少安、张苏：《人类的合作及其演进研究》，《中国社会科学》2013年第7期。

李书金、张强、任志波：《合作博弈与企业组织管理》，《商业研究》2006 年第 17 期。

李玉燕：《我国私营企业劳资博弈的囚徒困境及其求解》，《西安财经学院学报》2011 年第 5 期。

刘诚：《劳动观、劳资关系与劳动政策——基于创造性劳动、人本主义和劳资合作的思考》，《探索与争鸣》2015 年第 8 期。

刘静静、席酉民、王亚刚：《基于和谐管理理论的企业危机管理研究》，《科学学与科学技术管理》2009 年第 1 期。

陆雪琴、张旭昆：《工会和集体博弈对工资、就业的影响研究综述》，《首都经贸大学学报》2011 年第 2 期。

吕景春、李梁栋：《公有资本、"劳动平等"与和谐劳动关系构建——基于马克思劳资关系及其相关理论的拓展分析》，《南开经济研究》2019 年第 6 期。

吕景春：《论劳资合作博弈中利益的帕累托改进——基于"和谐劳资关系"的分析视角》，《经济学家》2009 年第 4 期。

邱小平：《稳中求进开拓进取全面推进构建中国特色和谐劳资关系》，《中国劳动》2013 年第 5 期。

权衡：《中国特色劳动关系的新内涵和新趋势》，《探索与争鸣》2015 年第 8 期。

全吉、储育青、王先甲：《具有惩罚策略的公共物品博弈与合作演化》，《系统工程理论与实践》2019 年第 1 期。

全吉、储育青、王先甲：《自愿参与机制下的公共物品博弈与合作演化》，《系统工程学报》2020 年第 2 期。

全吉、周亚文、王先甲：《社会困境博弈中群体合作行为演化研究综述》，《复杂系统与复杂性科学》2020 年第 1 期。

任小平、许晓军：《劳资博弈：工资合约中的制度救济与工会行为》，《学术研究》2009 年第 2 期。

孙永生：《合作分享型劳动关系构念内涵理论探析》，《中国劳动关系学院学报》2018 年第 4 期。

谭劲松、何铮：《集群自组织的复杂网络仿真研究》，《管理科学学报》2009 年第 4 期。

谭琨：《以重复博弈原理论证劳动者有效沟通的必要性——以富士康为例》，《企业经济》2011 年第 8 期。

唐方成、马骏、席酉民：《和谐管理的耦合机制及其复杂性的涌现》，《系统工程理论与实践》2004 年第 11 期。

王先甲、顾翠伶、赵金华、何奇龙：《选择差异下 Moran 过程的随机博弈模型及其应用》，《系统工程理论与实践》2020 年第 5 期。

王先甲、何奇龙、全吉：《互联网众筹平台监管策略的演化博弈分析》，《当代财经》2017 年第 4 期。

王先甲、何奇龙、全吉：《基于复制动态的消费者众筹策略演化动态》，《系统工程理论与实践》2017 年第 11 期。

王先甲、全吉、刘伟兵：《有限理性下的演化博弈与合作机制研究》，《系统工程理论与实践》2011 年第 S1 期。

王自强、王浣尘：《构造企业管理中的和谐研究》，《管理现代化》2005 年第 1 期。

韦倩、姜树广：《社会合作秩序何以可能：社会科学的基本问题》，《经济研究》2013 年第 11 期。

韦倩：《强互惠行为与人类合作的演进：拓展与创新》，《理论学刊》2016 年第 3 期。

韦倩、孙瑞琪、姜树广、叶航等：《协调性惩罚与人类合作的演化》，《经济研究》2019 年第 7 期。

韦倩：《增强惩罚能力的若干社会机制与群体合作秩序的维持》，《经济研究》2009 年第 10 期。

卫兴华：《有关中国特色社会主义经济理论体系的十三个理论是非

问题》，《经济纵横》2016 年第 1 期。

闻效仪：《从"国家主导"到多元推动——集体协商的新趋势及其类型学》，《社会学研究》2017 年第 2 期。

席酉民、熊畅、刘鹏：《和谐管理理论及其应用述评》，《管理世界》2020 年第 2 期。

席酉民、张晓军：《社会治理视角下的和谐社会形成机制及策略》，《系统工程理论与实践》2013 年第 12 期。

肖潇：《共享视野下的劳动关系研究述评》，《山东社会科学》2019 年第 10 期。

谢玉华、苏策、张媚、杨玉芳：《集体协商评价指标设计与应用研究》，《财经理论与实践》2017 年第 5 期。

徐晓红：《劳资关系与经济增长——基于中国劳资关系库兹涅茨曲线的实证检验》，《经济学家》2009 年第 10 期。

徐晓红：《正视矛盾、构建平衡、合作共赢——"劳资关系与社会和谐学术研讨会"综述》，《教学与研究》2012 年第 1 期。

许清清、常璟、孙继国：《劳资谈判力的解释：一种基于非合作与合作博弈的分析框架》，《山东大学学报》（哲学社会科学版）2016 年第 4 期。

许清清、路兰：《基于复杂网络视角的马克思劳资系统演化机制与中国路径》，《理论探讨》2017 年第 3 期。

许清清、路兰、刘鹏程：《复杂网络视角下劳动自组织演化路径与政府机制设计研究》，《山东社会科学》2018 年第 10 期。

许清清、张衍：《劳资博弈的演化路径与稳定策略》，《统计与决策》2014 年第 6 期。

杨瑞龙、杨其静：《专用性、专有性与企业制度》，《经济研究》2001 年第 3 期。

杨瑞龙、周业安：《论利益相关者合作逻辑下的企业共同治理机制》,《中国工业经济》1998 年第 1 期。

杨伟国、代懋:《中国就业管制的变迁与测量》,《中国人民大学学报》2012 年第 1 期。

杨阳、荣智海、李翔:《复杂网络演化博弈理论研究综述》,《复杂系统与复杂性科学》2008 年第 4 期。

姚先国、焦晓钰、张海峰:《工资集体协商制度的工资效应与员工异质性——对杭州市企业调查数据的分析》,《中国人口科学》2013 年第 2 期。

叶红心、张朋柱、孙景乐:《利益群体的动态合作竞争》,《管理工程学报》2002 年第 1 期。

叶文平、李新春、朱沆:《地区差距、社会嵌入与异地创业——"过江龙"企业家现象研究》,《管理世界》2018 年第 1 期。

游正林:《管理控制与工人抗争——资本主义劳动过程研究中的有关文献述评》,《社会学研究》2006 年第 4 期。

张利萍:《系统论视域下私营企业劳资合作的内部动因分析》,《当代世界与社会主义》2010 年第 3 期。

张庆伟:《劳资关系的涵义:三种不同的经济学解读》,《当代经济》2007 年第 11 期。

张文宏、张莉:《劳动力市场中的社会资本与市场化》,《社会学研究》2012 年第 5 期。

张衔、魏中许:《如何破解人类合作之谜——与黄少安教授商榷》,《中国社会科学》2016 年第 8 期。

张衔、许清清:《基于非对称博弈模型的劳资关系研究——兼论"囚徒困境"的局限性》,《财经问题研究》2015 年第 5 期。

张宇:《社会主义政治经济学的历史演变》,《中国特色社会主义研究》2016 年第 1 期。

赵红:《企业利益相关者之间的合作博弈与均衡》,《财经理论与实践》2007 年第 7 期。

赵小仕:《劳资关系中的集体博弈机制研究》,《当代经济管理》
2009 年第 7 期。

周扬波:《私有制企业劳资博弈与利益均衡机制的构建》,《经济论
坛》2011 年第 9 期。

周扬波:《私有制企业劳资博弈与利益均衡机制》,《经济论坛》
2011 年第 9 期。

周业安、宋紫峰:《公共品的自愿供给机制:一项实验研究》,《经
济研究》2008 年第 7 期。

庄新田、黄玮强:《基于消费者网络的金融创新扩散研究》,《管理
科学学报》2009 年第 3 期。

Abramson G, Kuperman M, "Social games in a social network", *Physical Review E*, 2001, 63 (1): 339 – 347.

Acemoglu D, Autor D, Dorn D, et al. , "Import Competition and the Great U. S. Employment Sag of the 2000s", *Journal of Labor Economics*, 2016, 34 (S1): S141 – S198.

Acemoglu D, Restrepo P, et al. , "The Race between Man and Machine: Implications of Technology for Growth, Factor Shares, and Employment", *American Economic Review*, 2018, 108 (6): 1488 – 542.

Acemoglu D, Restrepo P. , "Automation and New Tasks: How Technology Displaces and Reinstates Labor," *Journal of Economic, Perspectives*, 2019, 33 (2): 3 – 30.

Alexander M K. , "The Evolutionary Foundations of Strong Reciprocity", *Analyse & Kritik*, 2016, 27 (1): 106 – 112.

Alexander R D. , "The Biology of Moral Systems", *Aldine de Gruyter*, *New York*, 1987: 49 – 92.

Aoki M. , "Equilibrium Growth of the Hierarchical Firm: Shareholder-Employee Cooperative Game Approach", *American Economic Review*, 1982, 72 (5): 1097 – 1110.

Arifovic J, Eaton B C, Walker G. , "The Coevolution of Beliefs and Networks", *Journal of Economic Behavior & Organization*, 2015, 120: 46 – 63.

Assenza S, Gómez-Gardeñes J, Latora V. , "Enhancement of cooperation in highly clustered scale-free networks", *Physical Review E*, 2008, 78 (2): 017101.

Anat Levy, Lloyd S. Shapley. , "Individual and Collective Wage bargaining", *International Economic Review*, 1997, 38 (4): 969 – 991.

Anta A F, Georgiou C, Mosteiro M A, et al. , "Multi-round Master-Worker Computing: A Repeated Game Approach", *Computer Science*, 2016, 1 (3): 31 – 40.

Axelrod R, Hamilton W D. , "The evolution of cooperation", *The Quarterly Review of Biology*, 1985, 60 (3): 1390 – 1396.

Aumann R. Maschler M. , "An equilibrium theory for n-person cooperative games", *American Math.* Soc. 1960 (66) : 173 – 179.

Barabási A, Albert R. , "Emergence of Scaling in Random Networks", *Science*, 1999, 286 (5439): 509 – 512.

Barrat A. , Barthelemy M. , "Vespignani A. Weighted evolving networks: coupling topology and weighted dynamics", *Phys Rev Lett*, 2004. 92: 228 – 710.

Bakvis P. , "Unions and Collective Bargaining: Economic Effects in a Global Environment", *World Bank Publications*, 2002 (9): 362 – 364.

Bebchuk, L. A, M. J. Roe. , "A Theory of Path Dependence in Corporate Governance and Ownership", *Stanford Law Review 52*, 1999:

127 – 144.

Bowles S, Gintis H. , "The evolution of strong reciprocity: cooperation in heterogeneous populations", *Theoretical Population Biology*, 2004, 65 (1): 17 –28.

Boyd R, Richerson P J. , "The evolution of reciprocity in sizable groups", *Journal of Theoretical Biology*, 1988, 132 (3): 337 –356.

Bruttel L, Güth W. , "Alternating or Compensating? An Experiment on the Repeated Sequential Best Shot Game", Working Paper, 2013.

Buccella D. , "Profit sharing as entry deterrence mechanism", *Portuguese Economic Journal*, 2016, 15 (1): 17 –31.

Coffee, J. , "Convergence and its critics: what are preconditions to the separation of owner ship and control?", *Journal of International Economic laws*, 2000, 3 (2): 303 –329.

Cong R, Wu B, Qiu Y, et al. , "Evolution of cooperation driven by reputation-based migration", *PloS One*, 2012, 7 (5): e35776.

Chen W, Wu T, Li Z, et al. , "Coevolution of aspirations and cooperation in spatial prisoner's dilemma game", *Journal of Statistical Mechanics Theory & Experiment*, 2015 (1): P01032.

Christiansen R B & J. , "Employment and Productivity Growth in Europe and North America: The Impact of Labor Market Institutions", *International Review of Applied Economics*, 1999.

Danz D N, Fehr D, Kübler D. , "Information and beliefs in a repeated normal-form game", *Experimental Economics*, 2008, 15 (4): 622 – 640.

Deery S J, Iverson R D. , "Labor-Management Cooperation: Antecedents and Impact on Organizational Performance", *ILR Review*, 2005, 58 (4): 588 –609.

Deming D J. , "The Growing Importance of Social Skills in the Labor Market", *The Quarterly Journal of Economics*, 2020, 132 (4): 1593 – 1640.

Dunlop, John T. *Wage Determination Under Trade Unionism*, New York: Macmillan, 1944.

Education L, n p. , "Freedom of Association and Collective Bargaining", *International Labor Rights Case Law*, 2015, 1 (1): 3 – 16.

Erd's, P, Rényi, A. , "On the evolution of random graphs", *Publication of the Mathematical Institute of the Hungarian Academy Offences*, 1960, 38 (1): 17 – 61.

Fisher R A. , *The genetical theory of natural selection*, Clarendon Press, Oxford, 1930.

Flanagan R J. , "Macroeconomic Performance and Collective Bargaining: An International Perspective", *Journal of Economic Literature*, 1999, 37 (3): 1150 – 1175.

Friedman J W. , "A Non-cooperative Equilibrium for Supergames: A Correction", *Review of Economic Studies*, 1973, 40 (3): 435 – 435.

Fudenberg D, Maskin E. , "The Folk Theorem in Repeated Games with Discounting or with Incomplete Information", *Econometrica*, 2016, 54 (3): 335 – 356.

Ghang W, Nowak M A. , "Indirect reciprocity with optional interactions", *Journal of Theoretical Biology*, 2015, 365 (4): 1 – 11.

Gintis H. , "Strong reciprocity and human sociality", *Journal of Theoretical Biology*, 2000, 206 (2): 169 – 79.

Goos M. , "Manning A, Salomons A. Explaining Job Polarization: Routine-Biased Technological Change and Offshoring", *American Economic Review*, 2014, 104 (8): 2509 – 26.

Hamilton W D. , "The Genetical Evolution of Social Behavior", *Journal of Theoretical Biology*, 1963, 7 (1): 1 – 16.

Hauert C, Szabo G. , "Game theory and Physics", *American Journal of Physics*, 2005, 73 (5): 405 – 414.

Helbing D, Yu W. , "The outbreak of cooperation among success-driven individuals under noisy conditions", *Proceedings of the National Academy of Sciences of the United States of America*, 2009, 106 (10): 3680.

Jones D C, Kato T. , "The Nature and the Determinants of Labor Market Transitions in Former Socialist Economies: Evidence from Bulgaria, Industrial Relations", *A Journal of Economy and Society*, 1997, 36 (2): 229 – 254.

Katz, Harry C. , "The Decentralization of Collective Bargaining: A literature Review and Comparative analysis", *Industrial & Labor Relations Review*, 1993, (10): 3 – 22.

Katz L F, Murphy K M. , "Changes in Relative Wages 1963 – 1987: Supply and Demand Factors", *The Quarterly Journal of Economics*, 1992, 107 (1).

Kaplan J. , *Humans Need Not Apply*: *A Guide to Wealth and Work in the Age of Artificial Intelligence*, Yale University Press, 2015.

Kim B J, Trusina A, Holme P, et al. , "Dynamic instabilities induced by asymmetric influence: Prisoners' dilemma game in small-world networks", *Physical Review E Statistical Nonlinear & Soft Matter Physics*, 2002, 66 (1): 021907.

Klein K J. , LIM B C. , Saltz J L. , D M. Mayer, "How Do They Get There? An Examination of The Antecedents of Centrality in Team Networks", *Academy of Management Journal*, 2004, 47 (6): 952 – 963.

Kocher M G, Poulsen O, Zizzo D J. , "Social preferences, accountability, and wage bargaining", *SSRN Electronic Journal*, 2017: 1 – 20.

Kochan, Thomas A. *Collective Bargaining and Industrial Relations: From Theory to Policy and Practice*, Homewood, Ill.: Richard D. Irwin, 1980.

Leimar O, Hammerstein P., "Evolution of cooperation through indirect reciprocity", *Proceedings Biological Sciences*, 2001, 268 (1468): 745.

Martin Kilduff, Wenpin Tsai, Ralph Hanke, "A paradigm too far? A dynamic stability reconsideration of the social network research program", *Academy of Management Review*, 2006, 31 (4): 1031 – 1048.

Mcdonald I M, Solow R M., "Wage bargaining and employment", *American Economic Review*, 1981, 71 (5): 896 – 908.

Miyaji K, Tanimoto J, Wang Z, et al., "Direct Reciprocity in Spatial Populations Enhances R-Reciprocity As Well As ST-Reciprocity", *Plos One*, 2013, 8 (8): 121 – 132.

Nickell S J, Andrews M., "Unions, Real Wages and Employment in Britain 1951 – 1979", *Oxford Economic Papers*, 1983, 35: 183 – 206.

Nash J., "Non-Cooperative Games", *Annals of Mathematics*, 1951, 54 (2): 286 – 295.

Nowak M A, May R M., "Evolutionary games and spatial chaos," *Nature*, 1992, 359: 826 – 829.

Nowak M A, Bonhoeffer S, May R M., "Spatial games and the maintenance of cooperation", *Proceedings of the National Academy of Sciences*, 1994, 91: 4877 – 4881.

Nowak M A, Sigmund K., "Evolution of indirect reciprocity by image scoring", *Nature*, 1998, 393 (6685): 573.

Osaka K, Toriumi F, Sugawara T. Effect of Direct Reciprocity on Continuing Prosperity of Social Networking Services, Conference Paper,

2016, 693: 411 –422.

Owen G. , "Value of games with a prior union", *Mathematical Programming*, 1977, (9): 358 –370.

Pan Z, Li X, Wang X. , "Generalized local-world models for weighted networks", *Physical Review E Statistical Nonlinear & Soft Matter Physics*, 2006, 73 (5 Pt 2): 056109.

Raducha T, Gubiec T. , "Coevolution in the model of social interactions: getting closer to real-world networks", *Physica A Statistical Mechanics & Its Applications*, 2016, 471: 427 –435.

Rajan, Zingales, Luigi, "Power in a Theory of The Firm", *The Quarterly Journal of Economics*, 1998, (5): 387 –431.

Rockenbach B M M. , "The efficient interaction of indirect reciprocity and costly punishment", *Nature*, 2006, 444 (7120): 718 –23.

Rong Z, Li X, Wang X. , "Roles of mixing patterns in cooperation on a scale-free networked game", *Physical Review E*, 2007, 76 (2): 027101.

Sachs J L, Mueller U G, Wilcox T P, et al. , "The evolution of cooperation", *Quarterly Review of Biology*, 2004, 47 (6): 135 –160.

Santos F C, Pacheco J M. , "Scale-Free Networks Provide a Unifying Framework for the Emergence of Cooperation", *Physical Review Letters*, 2005, 95 (9): 098104.

Sánchez A, Cuesta J A. , "Altruism may arise from individual selection", *Journal of Theoretical Biology*, 2005, 235 (2): 233.

Shapley L S, "A value for n-person games", In: Kuhn, H. W. , Tucker, A. W. , *Contributions to the Theory of Games*, Princeton, NJ: Princeton University Press, 1953: 307 –317

Simon C. , "Cultural group selection in the light of the selection of extended behavioral patterns", *Behavioral & Brain Sciences*, 2016

（39）：e51.

Smith J M. and Price G R. ，"The Logic of Animal Conflict"，*Nature*，1973，246（5427）：15–18.

Strassmann B I, Kurapati N T. ，"What Explains Patrilineal Cooperation?"，*Current Anthropology*，2016（57）．

Tanabe S, Suzuki H, Masuda N. ，"Indirect reciprocity with trinary reputations"，*Journal of Theoretical Biology*，2013，317（1）：338–347.

Tanimoto J. ，"How does resolution of strategy affect network reciprocity in spatial prisoner's dilemma games?"，*Applied Mathematics & Computation*，2017，301：36–42.

Taylor P D, Jonker L B，"Evolutionary stable strategies and game dynamics"，*Mathematical Biosciences*，1978，40：145–156.

Tommy Khoo, Feng Fu, Scott Pauls. ，"Coevolution of Cooperation and Partner Rewiring Range in Spatial Social Networks"，*Scientific Reports*，2016，（6）：36293.

Traulsen A, Shoresh N, Nowak M A. ，"Analytical Results for Individual and Group Selection of Any Intensity"，*Bulletin of Mathematical Biology*，2008，70（5）：1410–1424.

Wu B, Zhou D, Fu F, et al. ，"Evolution of Cooperation on Stochastic Dynamical Networks"，*Plos One*，2013，5（6）：e11187.

Van Segbroeck S, Santos F C, Nowé A, Pacheco J M, Lenaerts T. ，"The evolution of prompt reaction to adverse ties"，*BMC Evolutionary Biology*，2008，8（1）：287.

Van Segbroeck S V, Santos F C, Lenaerts T, et al. ，"Reacting differently to adverse ties promotes cooperation in social networks"，*Physical Review Letters*，2009，102（5）：058105.

Vainstein M H, Arenzon J J. ，"Disordered environments in spatial games", *Physical Review E*, 2001, 64 (5 Pt 1): 051905.

Von Numannand J, Morgenstern Oe., *Theory of Games and Economic Behavior*, Princeton, NJ: Princeton University Press, 1944, 2007 edition.

Wang Z, Szolnoki A, Perc M., "Interdependent network reciprocity in evolutionary games", *Scientific Reports*, 2013, 3 (1): 1183.

West S A, Griffin A S, Gardner A., "Social semantics: altruism, cooperation, mutualism, strong reciprocity and group selection", *J Evol Biol*, 2007, 20 (2): 415.

William Samuelson, "Bargaining under Asymmetry Information", *Econometrica*, 1984, (5): 995 – 1005.

Wilson D S., "The Group Selection Controversy: History and Current Status", *Annual Review of Ecology & Systematics*, 1983, 14 (1): 159 – 187.

Wu B, Zhou D, Fu F, Luo Q, Wang L, Traulsen A., "Evolution of cooperation on stochastic dynamical networks", *PLoS ONE*, 2010, 5 (6): e11187.

Wu T, Fu F, Wang L., "Moving away from nasty encounters enhances cooperation in ecological prisoner's dilemma game", *PLoS ONE*, 2011, 6: e27669.

Wu T, Fu F, Zhang Y, et al., "Expectation-driven migration promotes cooperation by group interactions", *Physical Review E*, 2012, 85 (6 Pt 2): 066104.

Xiaochen, He, Haifeng, et al., "Correction: The evolution of cooperation in signed networks under the impact of structural balance", *Plos One*, 2018.

Yang H X, Wu Z X, Wang B H., "Role of aspiration-induced migration in cooperation", *Physical Review E*, 2011, 81 (2): 065101.

Yeung D W K, Petrosyan L., "Dynamically stable corporate joint ventures", *Automatica*, 2006, 42 (3): 365 – 370.

Zimmermann M G, Eguíluz V M, San Miguel M., "Co-evolution of dynamical states and interactions in dynamic networks", *Physical Review E*, 2004, 69 (6 pt 2): 065102.

Zimmermann M G, Eguíluz V M., "Cooperation, social networks, and the emergence of leadership in a prisoner's dilemma with adaptive local interactions", *Physical Review E*, 2005, 72 (2): 056118.

Zingales, Luigi, "Corporate governance", in Peter Newman ed., *The New Palgrave Dictionary of Economics and the Law*, London: Stockton Press, 1998a: 479 – 502.

Zingales, Luigi, "In Search of New Foundations", *The Journal of Finace*, 2000, (8): 1623 – 1653.

Zingales, Luigi, "The Future of Securities Regulation", *Journal of Accounting Research*, 2009 (5): 391 – 425.

后　记

　　人类复杂行为模式下合作的自发涌现已成为多个学科关注的焦点，因此分析劳资合作产生的原因、机制对理解人类社会中的制度安排有着重要的科学意义和理论价值。2020 年国家社科重大课题里出现"合作行为的演化博弈研究"，标志着用自然科学的方法来解释合作的问题已经在经济学界取得突破。

　　劳资关系研究虽然是从我自博士求学以来一直坚持的研究方向，但直到获批教育部青年项目之后，才正式开启了我独立的科研之路。在这之后，虽陆续地获批了一系列项目，但我最想感谢的还是教育部项目的评审专家。你们的匿名肯定是对青年学者探索科研之路的鼓舞，你们在冥冥之中改变了无数"青椒们"的人生轨迹。因为对于"双非"院校的老师来说，科研之路如果没有项目的支持，仅凭自己的兴趣与坚持难以长久下去。在这个研究方向，我与无数的学者虽素未蒙面，却在学术观点中产生共鸣。当看到有学者基于我的研究，推动学术更进一步发展的时候，才感知到沧海一粟的自己存在的价值。这种共鸣式研究，如高山流水遇知音一般奇妙！

　　本书得以顺利出版，我要衷心感谢贾乐耀老师，与先生相识于偶然，却相交如故。先生一路对成果的建议与支持，让我可以更加专注于学术的象牙塔，而免于繁文缛节的烦扰。感谢蒋永穆老师，毕业虽十载，但仍时常想起您上课的经典案例与标志性"笑容"，您的言传身教使我至今受益。

　　在本书完稿之际，又获批了国家社科项目，这激励我继续纵深化推进研究。今天是淘宝"双十一"网上狂欢盛宴,与一边的喧嚣相比,我在电脑面前享受着"码字"的宁静。科研路漫漫,道阻且长,唯天道酬勤,宁静致远……谨以此句,献给所有在科研路上匍匐前进的学者们。

许清清
2020 年 11 月 11 日于青岛